AF562978

ÉTUDES

SUR LES

TROIS DIALECTES BASQUES

DES

VALLÉES D'AEZCOA, DE SALAZAR ET DE RONCAL,

TELS QU'ILS SONT PARLÉS À ARIBE, À JAURRIETA ET À VIDANGOZ.

PAR LE PRINCE LOUIS-LUCIEN BONAPARTE,

DOCTEUR DE L'UNIVERSITÉ D'OXFORD ; MEMBRE HONORAIRE DE L'ACADÉMIE IMPÉRIALE DES SCIENCES DE SAINT-PÉTERSBOURG, DE LA SOCIÉTÉ ROYALE DES ANTIQUAIRES DU NORD, DES SOCIÉTÉS DES ANTIQUAIRES D'ÉCOSSE ET DE LONDRES, ETC.

LONDRES. 1872.

Z
Basque
8

Collection Antoine d'Abbadie

AVERTISSEMENT.

L'AEZCOAN, que nous considérons comme un sous-dialecte du bas-navarrais occidental, est parlé dans les neuf localités suivantes qui constituent la vallée d'Aezcoa (Ayezkoa): Garralda, Aribe, Aria, Orbara, Orbaiceta (Orbas̃ta), Villanueva (Iriberri), Garayoa, Abaurrea baja (Aburrepea), Abaurrea alta (Aburregaina).

Le salazarais, que nous regardons comme un sous-dialecte du bas-navarrais oriental*, est usité en quatorze localités sur quinze dont se compose la vallée de Salazar (Zaraitzu): Ochagavia (Otsagi), Izalzu (Itzaltzu), Jaurrieta (Eaurta), Esparza, Ezcaroz (Ezkaroze), Oronz (Orontze), Ibilcieta (Ibizta), Sarries (Sarze), Güesa (Gorza), Ripalda (Errepalda), Igal (Iguri), Izal (Itzalle), Iziz (Izize), Gallues (Galoze), Uscarres (Uskartze). Dans cette dernière localité, le basque a cessé d'être parlé, car en 1866 nous n'y avons trouvé aucune personne, originaire de cette commune, qui fût en état de pouvoir converser dans cette langue. Une vieille femme de ce pays, qui pouvait parler le basque dans sa jeunesse, avait fini par l'oublier. A Racas le Haut au contraire, situé en dehors des limites de la vallée, on pouvait encore en 1866 entendre parler le salazarais par la majorité des habitants, composée seulement de quelques individus. Ce sous-dialecte possède le traitement diminutif, qui ne figure pas dans la conjugaison. Sa formation est des plus faciles, puisqu'elle consiste à changer le 'z' et le 'tz' du respectueux, en 's̃' et en 'ch'. C'est ainsi que *zra* 'tu es', et *etzra* 'tu n'es pas', ont au diminutif: s̃ra, echra. (*Voyez* pour l'usage de ces deux traitements, etc., la note 2. du xivème tableau supplémentaire du 'Verbe Basque en tableaux').

Le roncalais, sous-dialecte, selon nous, du souletin, est en usage dans les sept localités de la vallée de Roncal (Erronkari): Vidangoz (Bidangoze), Garde, Burgui (Burgi), formant la première variété; Urzainqui (Urzainki), Roncal (Erronkari), qui constituent la deuxième; Uztarroz (Uztarroze), Isaba, qui forment la troisième. A Burgui le basque n'est parlé qu'en minorité, et seulement par quelques personnes qui ne sont plus jeunes. Les Roncalais entre eux parlent espagnol; avec les Roncalaises, ils parlent basque, ainsi que les Roncalaises entre elles. On observe à peu près la même chose à Ochagavia en Salazar. Cet usage n'a pas lieu toutefois dans les localités roncalaises d'Uztarroz et d'Isaba, où les hommes entre eux, comme dans les deux autres vallées, se servent tout aussi bien du basque que du castillan.

* En 1866, avant d'avoir parcouru les vallées intérieures des deux Navarres, nous avons proposé pour la première fois une classification des dialectes et des sous-dialectes basques, fondée sur leur propriétés grammaticales, et avec l'indication des localités appartenant à chaque dialecte et à chaque sous-dialecte. (*Voyez* nos 'Observations linguistiques au Prône de l'Eglise d'Arbonne', imprimées à Londres en 1866, et à Bayonne en 1867). Après avoir étudié à fond le basque en usage dans ses vallées, nous avons du modifier notre première classification, de sorte que le salazarais se trouve faire partie, non pas du souletin, mais du bas-navarrais oriental. (*Voyez* la classification des huit dialectes basques en trois groupes, au commencement de la première partie de notre 'Verbe Basque en tableaux'. Londres, 1869). C'est la première classification, que nous n'admettons plus, celle que Mr Julien Vinson a reproduite dans son article: 'Dialectes Basques', et qui vient de paraître dans l'ouvrage ayant pour titre 'Encyclopédie Générale', tome quatrième, 19e livraison.

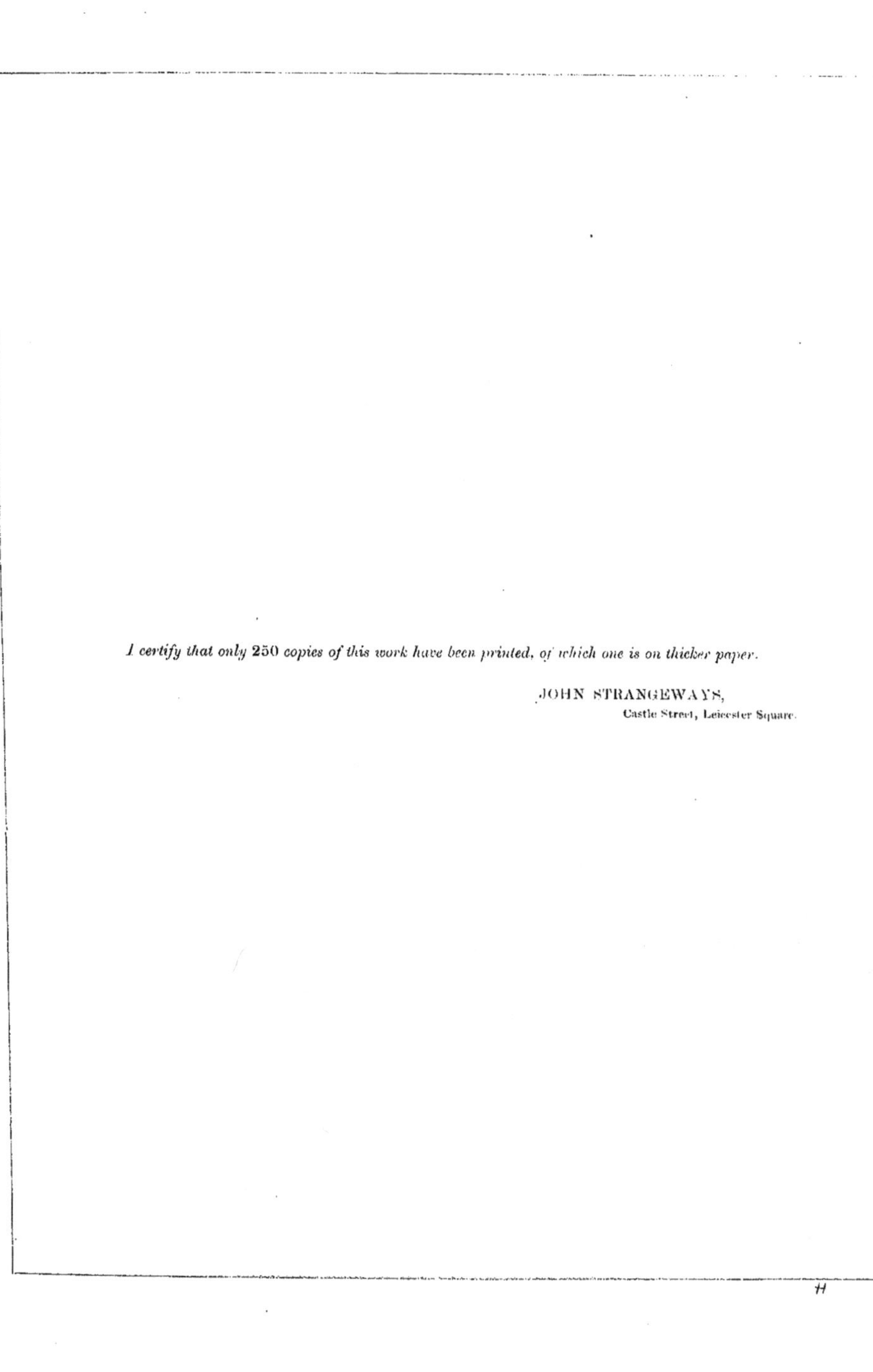

I certify that only 250 copies of this work have been printed, of which one is on thicker paper.

JOHN STRANGEWAYS,
Castle Street, Leicester Square.

H

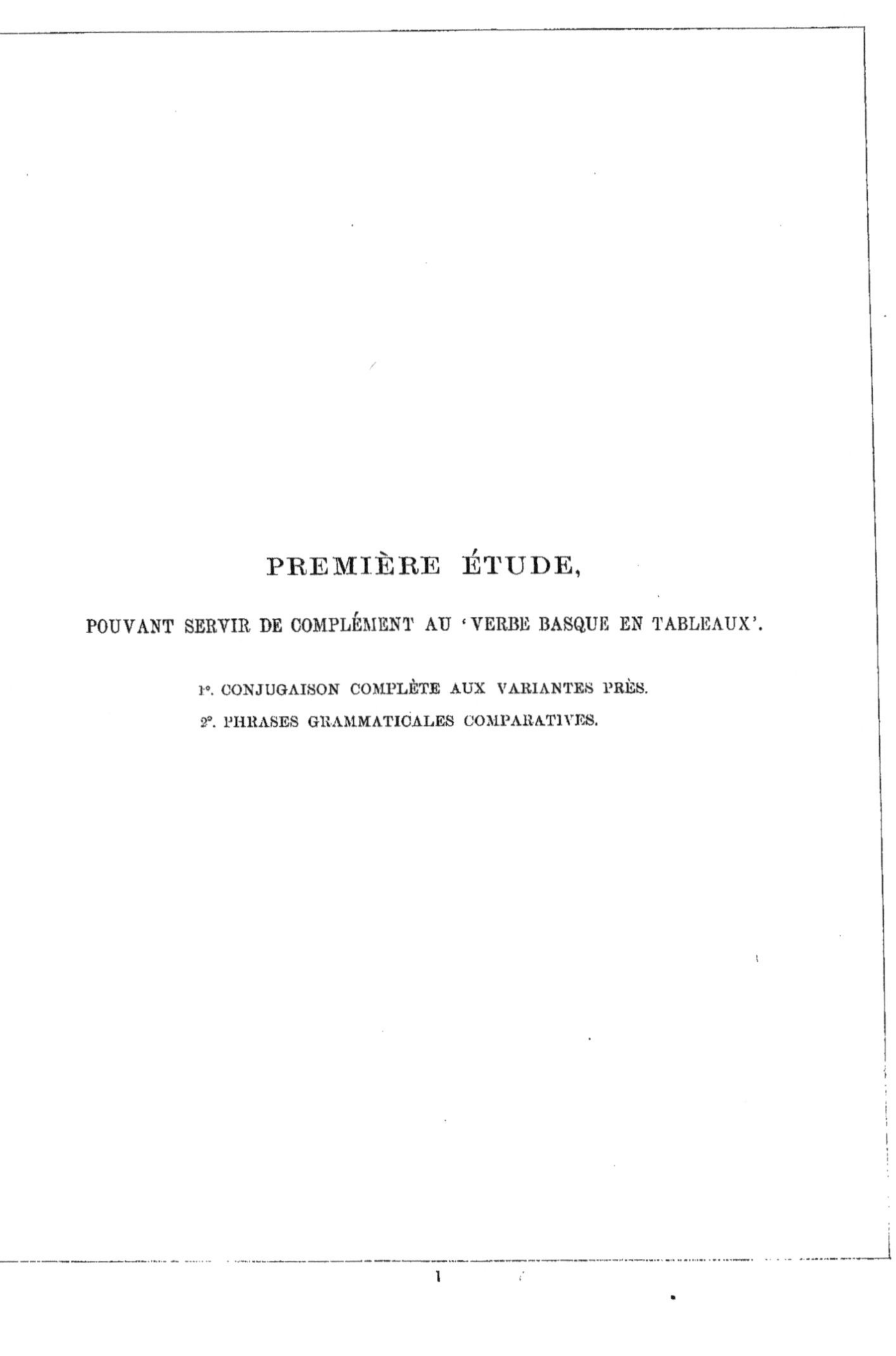

PREMIÈRE ÉTUDE,

POUVANT SERVIR DE COMPLÉMENT AU 'VERBE BASQUE EN TABLEAUX'.

1°. CONJUGAISON COMPLÈTE AUX VARIANTES PRÈS.

2°. PHRASES GRAMMATICALES COMPARATIVES.

CONJUGAISON.—VOIX INTRANSITIVE.

			Aezcoan.	*Salazarais.*	*Roncalais.*
Indicatif *Présent* il est	S. 1	*i.*	niz	niz	naz
		m.	nuk	nuk	nuk
		f.	nun	nun	nun
		r.	—	nizu	nuzu
	2	*r.*	zira	zra	zra
		m.f.	yiz	iz	yaz
	3	*i.*	da	da	da
		m.	duk	duk	duk
		f.	dun	dun	dun
		r.	—	zu	tzu
	P. 1	*i.*	gira	gra	gra
		m.	gituk	gituk	gutuk
		f.	gitun	gitun	gutun
		r.	—	gitzu	gutzu
	2	*i.*	zirate	zradie	zrei
	3	*i.*	dira	dra	dra
		m.	tuk	tuk	tuk
		f.	tun	tun	tun
		r.	—	tzu	dutzu
Indicatif *Passé* il était	S. 1	*i.*	nintze	nintzan	nintzen
		m.	nindua	nintzakan	nuntziua
		f.	ninduna	nintzanan	nuntziua
		r.	—	nintzazun	nuntzun
	2	*r.*	zine	zintzan	zintzen
		m.f.	yintze	intzan	yintzen
	3	*i.*	ze	zen	zen
		m.	zua	uen	ziua
		f.	zuna	uen	ziua
		r.	—	zinuen	zunion
	P. 1	*i.*	gine	gintzan	gintzen
		m.	ginduzta	gintzakan	guntziua
		f.	ginduzana	gintzanan	guntziua
		r.	—	gintzazun	guntzun
	2	*i.*	zinate	zintzayen	zintzein
	3	*i.*	zire	zren	zren
		m.	zitua	ituen	ztiua
		f.	zituna	ituen	ztiua
		r.	—	zintzan	zuntion
Suppositif *Présent* s'il était	S. 1	*i.*	banintz	banintza	banintz
	2	*r.*	bazina	bazintza	bazintz
		m.f.	bayintz	baintza	bayintz
	3	*i.*	balitz	balitz	balitz
	P. 1	*i.*	bagina	bagintza	bagintz
	2	*i.*	bazinate	bazintzaye	bazintzei
	3	*i.*	balira	balidra	balidra
Conditionnel *Présent* il serait	S. 1	*i.*	nintzateke	neinge	naiteke
		m.	nintzatekek	neingek	naitekek
		f.	nintzateken	neingen	naiteken
		r.	—	neingezu	naitekezu
	2	*r.*	zintzateke	zeizke	zinaizteke
		m.f.	yintzateke	einge	yaiteke
	3	*i.*	litzateke	leike	laiteke
		m.	litzatekek	leikek	laitekek
		f.	litzateken	leiken	laiteken
		r.	—	leikezu	laitekezu
	P. 1	*i.*	gintzatezke	geizke	ginaizteke
		m.	gintzatezkek	geizkek	ginaiztekek
		f.	gintzatezken	geizken	ginaizteken
		r.	—	geizkezu	ginaiztekezu
	2	*i.*	zintzatezke	zeizkeye	zinaiztekei
	3	*i.*	litzatezke	leizke	laizteke
		m.	litzatezkek	leizkek	laiztekek
		f.	litzatezken	leizken	laizteken
		r.	—	leizkezu	laiztekezu
Conditionnel *Passé* il aurait été	S. 1	*i.*	nindeike	neingen	naitekian
		m.	nindukea	neingekan	naitekia
		f.	nindukena	neingenan	naitekia
		r.	—	neingezun	naitekezun
	2	*r.*	zindeizke	zeizken	zinaiztekian
		m.f.	yindeike	eingen	yaitekian
	3	*i.*	zeiteke	zeiken	zaitekian
		m.	zukea	zieikekan	zaitekia
		f.	zukena	zieikenan	zaitekia
		r.	—	zieikezun	zaitekezun
	P. 1	*i.*	gindeizke	geizken	ginaiztekian
		m.	ginduzkea	geizkekan	ginaiztekia
		f.	ginduzkena	geizkenan	ginaiztekia
		r.	—	geizkezun	ginaiztekezun
	2	*i.*	zindeizkete	zeizkeyon	zinaiztekiein
	3	*i.*	zeitezke	zeizken	zaiztekian
		m.	zituzkea	zieizkekan	zaiztekia
		f.	zituzkena	zieizkenan	zaiztekia
		r.	—	zieizkezun	zaiztekezun

Conditionnel Présent — Salazarais : *emprunté au potentiel.* — Roncalais : *emprunté au potentiel.*

Conditionnel Passé — Aezcoan : *emprunté au potentiel.* — Salazarais : *emprunté au potentiel.* — Roncalais : *emprunté au potentiel.*

			Aezcoan.	*Salazarais.*	*Roncalais.*
Impératif *Présent* soit-il	S. 2	*r.*	zite	zte	zte
		m.f.	adi	adi	adi
	3	*i.*	bedi	—	bedi
	P. 2	*i.*	zitezte	ztie	ztei
	3	*i.*	bite	—	bite
Subjonctif *Présent* qu'il soit	S. 1	*i.*	nain	nadien	nein
	2	*r.*	ziten	zten	ztian
		m.f.	yain	adien	yain
	3	*i.*	dain	dadien	dein
	P. 1	*i.*	giten	giten	gitian
	2	*i.*	zitezten	ztien	ztein
	3	*i.*	diten	ten	tian
Subjonctif *Passé* qu'il fût	S. 1	*i.*	nindain	nindien	nindian
	2	*r.*	zinditen	zinten	zintian
		m.f.	yindain	indien	yindian
	3	*i.*	zain	zadien	ledin
	P. 1	*i.*	ginditen	ginten	gintian
	2	*i.*	zindizten	zintien	zinztein
	3	*i.*	zitezten	zten	litian
Suppositif *Futur* s'il était	S. 1	*i.*	banindei	baneudi	banendi
	2	*r.*	bazindite	bazinte	bazinte
		m.f.	bayindei	baendi	bayendi
	3	*i.*	baledi	baledi	baleti
	P. 1	*i.*	bagindite	baginte	baginte
	2	*i.*	bazindizte	bazintie	bazintei
	3	*i.*	balite	balite	balite
Potentiel *Présent* il peut	S. 1	*i.*	neike	neike	naiteke
		m.	ñeikek	nieikek	naitekek
		f.	ñeiken	nieiken	naiteken
		r.	—	nieikezu	naitekezu
	2	*r.*	zeizke	zeizke	zaizteke
		m.f.	yeike	eike	yaiteke
	3	*i.*	deike	deike	daiteke
		m.	šeikek	dieikek	daitekek
		f.	šeiken	dieiken	daiteken
		r.	—	dieikezu	daitekezu
	P. 1	*i.*	geizke	geizke	gaizteke
		m.	geiškek	gieizkek	gaiztekek
		f.	geiškon	gieizken	gaizteken
		r.	—	gieizkezu	gaiztekezu
	2	*i.*	zeizkete	zeizkeye	zaiztekei
	3	*i.*	deizke	deizke	daizteke
		m.	šeizkek	dieizkek	daiztekek
		f.	šeizken	dieizken	daizteken
		r.	—	dieizkezu	daiztekezu
Potentiel *Conditionnel* il pourrait	S. 1	*i.*	nindeike	neinge	naiteke
		m.	nindeikek	neingek	naitekek
		f.	nindeiken	neingen	naiteken
		r.	—	neingezu	naitekezu
	2	*r.*	zindeizke	zeizke	zinaizteke
		m.f.	yindeike	einge	yaiteke
	3	*i.*	leiteke	leike	laiteke
		m.	leitekek	leikek	laitekek
		f.	leiteken	leiken	laiteken
		r.	—	leikezu	laitekezu
	P. 1	*i.*	gindeizke	geizke	ginaizteke
		m.	gindeizkek	geizkek	ginaiztekek
		f.	gindeizken	geizken	ginaizteken
		r.	—	geizkezu	ginaiztekezu
	2	*i.*	zindeizkete	zeizkeye	zinaiztekei
	3	*i.*	leitezke	leizke	laizteke
		m.	leitezkek	leizkek	laiztekek
		f.	leitezken	leizken	laizteken
		r.	—	leizkezu	laiztekezu
Potentiel *Passé* il pouvait	S. 1	*i.*	nindeike	neingen	naitekian
		m.	nindukea	neingekan	naitekia
		f.	nindukena	neingenan	naitekia
		r.	—	neingezun	naitekezun
	2	*r.*	zindeizke	zeizken	zinaiztekian
		m.f.	yindeike	eingen	yaitekian
	3	*i.*	zeiteke	zeiken	zaitekian
		m.	zukea	zieikekan	zaitekia
		f.	zukena	zieikenan	zaitekia
		r.	—	zieikezun	zaitekezun
	P. 1	*i.*	gindeizke	geizken	ginaiztekian
		m.	ginduzkea	geizkekan	ginaiztekia
		f.	ginduzkena	geizkenan	ginaiztekia
		r.	—	geizkezun	ginaiztekezun
	2	*i.*	zindeizkete	zeizkeyen	zinaiztekiein
	3	*i.*	zeitezke	zeizken	zaiztekian
		m.	zituzkea	zieizkekan	zaiztekia
		f.	zituzkena	zieizkenan	zaiztekia
		r.	—	zieizkezun	zaiztekezun

Potentiel Présent — Salazarais : *pot. pour la forme et pour le sens, fut. conj. pour le sens.* — Roncalais : *pot. pour la forme et pour le sens, fut. conj. pour le sens.*

INDICATIF — Présent — il lui est

		Aezcoan.	Salazarais.	Roncalais.
S. 1	i.	nitzayo	—	—
	m.	nichayok	—	—
	f.	nichayon	—	—
2	r.	zaizkio	—	—
	m. f.	yakio	—	—
3	i.	zayo	zayo	zau
	m.	šayok	ziok	zauk
	f.	šayon	zion	zaun
	r.	—	ziozu	zauzu
P. 1	i.	gitzaizkio	—	—
	m.	gichaizkiok	—	—
	f.	gichaizkion	—	—
2	i.	zaizkiote	—	—
3	i.	zaizkio	zaizko	zazka
	m.	šaizkiok	ziaizkok	zazkak
	f.	šaizkion	ziaizkon	zazkan
	r.	—	ziaizkozu	zazkazu

INDICATIF — Passé — il lui était

		Aezcoan.	Salazarais.	Roncalais.
S. 1	i.	nitzayo	nizayon	nitzaun
	m.	nichayota	niziayokan	nitzaba
	f.	nichayona	niziayonan	nitzaba
	r.	—	niziayozun	nitzauzun
2	r.	zitzaizkio	zizaizkon	zitzazkaun
	m. f.	yitzaikio	izakion	yitzaun
3	i.	zitzayo	zizayon	zitzaun
	m.	zichayota	ziziokan	zitzaba
	f.	zichayona	zizionan	zitzaba
	r.	—	ziziozun	zitzauzun
P. 1	i.	gitzaizkio	gizaizkon	gitzazkaun
	m.	gichaizkiota	giziaizkokan	gitzazkaba
	f.	gichaizkiona	giziaizkonan	gitzazkaba
	r.	—	giziaizkozun	gitzazkauzun
2	i.	zitzaizkiote	zizaizkoyen	zitzazkabein
3	i.	zitzaizkio	zizaizkon	zitzazkaun
	m.	zichaizkiota	ziziaizkokan	zitzazkaba
	f.	zichaizkiona	ziziaizkonan	zitzazkaba
	r.	—	ziziaizkozun	zitzazkauzun

SUPPOSITIF — Présent — s'il lui était

		Aezcoan.	Salazarais.	Roncalais.
S. 1	i.	banitzayo	banizayo	banitzau
2	r.	bazitzaizkio	bazizaizko	bazitzazka
	m. f.	bayitzaikio	baizakio	bayitzau
3	i.	balitzayo	balizayo	balitzau
P. 1	i.	bagitzaizkio	bagizaizko	bagitzazka
2	i.	bazitzaizkiote	bazizaizkoye	bazitzazkei
3	i.	balitzaizkio	balizaizko	balitzazka

CONDITIONNEL — Présent — il lui serait

		Aezcoan.	Salazarais.	Roncalais.
S. 1	i.	nitzayoke	nizayoke	naitekio
	m.	nitzayokek	nizayokok	naitekiok
	f.	nitzayoken	nizayoken	naitekion
	r.	—	nizayokezu	naitekiozu
2	r.	zitzaizkioke	zizaizkoke	zinaizkioke
	m. f.	yitzaikioke	izakioke	yaikioke
3	i.	litzayoke	lizayoke	laikioke
	m.	litzayokek	lizayokek	laikiokek
	f.	litzayoken	lizayoken	laikioken
	r.	—	lizayokezu	laikiokezu
P. 1	i.	gitzaizkioke	gizaizkoke	ginaiztekio
	m.	gitzaizkiokek	gizaizkokek	ginaiztekiok
	f.	gitzaizkioken	gizaizkoken	ginaiztekion
	r.	—	gizaizkokezu	ginaiztekiozu
2	i.	zitzaizkiokete	zizaizkokeye	zinaizkiokei
3	i.	litzaizkioke	lizaizkoke	laizkioke
	m.	litzaizkiokek	lizaizkokek	laizkiokek
	f.	litzaizkioken	lizaizkoken	laizkioken
	r.	—	lizaizkokezu	laizkiokezu

Roncalais : *emprunté au potentiel.*

CONDITIONNEL — Passé — il lui aurait été

		Aezcoan.	Salazarais.	Roncalais.
S. 1	i.	nitzayoke	nizayoken	naitekiuan
	m.	nitzayoketa	nizayokokan	naitekiua
	f.	nitzayokena	nizayokenan	naitekiua
	r.	—	nizayokezun	naitekiozun
2	r.	zitzaizkioke	zizaizkoken	zinaizkiokian
	m. f.	yitzaikioke	izakioken	yaikiokian
3	i.	zitzayoke	zizayoken	zaikiokian
	m.	zitzayoketa	zizayokekan	zaikiokia
	f.	zitzayokena	zizayokenan	zaikiokia
	r.	—	zizayokezun	zaikiokezun
P. 1	i.	gitzaizkioke	gizaizkoken	ginaiztekiuan
	m.	gitzaizkioketa	gizaizkokekan	ginaiztekiua
	f.	gitzaizkiokena	gizaizkokenan	ginaiztekiua
	r.	—	gizaizkokezun	ginaiztekiozun
2	i.	zitzaizkiokete	zizaizkokeyen	zinaizkiokiein
3	i.	zitzaizkioke	zizaizkoken	zaizkiokian
	m.	zitzaizkioketa	zizaizkokekan	zaizkiokia
	f.	zitzaizkiokena	zizaizkokenan	zaizkiokia
	r.	—	zizaizkokezun	zaizkiokezun

Roncalais : *emprunté au potentiel.*

IMPÉRATIF — Présent — lui soit-il

		Aezcoan.	Salazarais.	Roncalais.
S. 2	r.	zaizkio	zaizkio	zaizkio
	m. f.	yakio	akio	akio
3	i.	bekio	—	bekio
P. 2	i.	zaizkiote	zaizkioye	zaizkiei
3	i.	bekizkio	—	bekizkio

SUBJONCTIF — Présent — qu'il lui soit

		Aezcoan.	Salazarais.	Roncalais.
S. 1	i.	nakion	nakion	nakion
2	r.	zaizkion	zaizkion	zaizkion
	m. f.	yakion	akion	akion
3	i.	dakion	dakion	dakion
P. 1	i.	gaizkion	gaizkion	gaizkion
2	i.	zaizkioten	zaizkioyen	zaizkiein
3	i.	dakizkion	daizkion	dazkion

SUBJONCTIF — Passé — qu'il lui fût

		Aezcoan.	Salazarais.	Roncalais.
S. 1	i.	nitzayon	nizayon	nitzayon
2	r.	zitzaizkion	zizaizkion	zitzaizkion
	m. f.	yitzaikion	izakion	yitzaikion
3	i.	zakion	zakion	lakion
P. 1	i.	gitzaizkion	gizaizkion	gitzaizkion
2	i.	zitzaizkioten	zizaizkioyen	zitzaizkiein
3	i.	zakizkion	zazkion	lazkion

SUPPOSITIF — Futur — s'il lui était

		Aezcoan.	Salazarais.	Roncalais.
S. 1	i.	banitzayo	banizayo	banitzayo
2	r.	bazitzaizkio	bazizaizkio	bazitzaizkio
	m. f.	bayitzaikio	baizakio	bayitzaikio
3	i.	balakio	balakio	balakio
P. 1	i.	bagitzaizkio	bagizaizkio	bagitzaizkio
2	i.	bazitzaizkiote	bazizaizkioye	bazitzaizkiei
3	i.	balakizkio	balazkio	balazkio

POTENTIEL — Présent — il lui peut

		Aezcoan.	Salazarais.	Roncalais.
S. 1	i.	nakioke	nakioke	nayoke
	m.	ñakiokek	ninkiokek	nayokek
	f.	ñakioken	niakioken	nayoken
	r.	—	niakiokezu	nayokezu
2	r.	zaizkioke	zaizkioke	zaizkioke
	m. f.	yakioke	akioke	yakioke
3	i.	dakioke	dakioke	dayoke
	m.	šakiokek	dinkiokek	dayokek
	f.	šakioken	diakioken	dayoken
	r.	—	diakiokezu	dayokezu
P. 1	i.	gaizkioke	gaizkioke	gaizkioke
	m.	gaiškiokek	giaizkiokek	gaizkiokek
	f.	gaiškioken	giaizkioken	gaizkioken
	r.	—	giaizkiokezu	gaizkiokezu
2	i.	zaizkiokete	zaizkiokeye	zaizkiokei
3	i.	daizkioke	daizkioke	daizkioke
	m.	šaizkiokek	diaizkiokek	daizkiokek
	f.	šaizkioken	diaizkioken	daizkioken
	r.	—	diaizkiokezu	daizkiokezu

Salazarais, Roncalais : *potentiel et futur.*

POTENTIEL — Conditionnel — il lui pourrait

		Aezcoan.	Salazarais.	Roncalais.
S. 1	i.	nitzayoke	nizayoke	naitekio
	m.	nitzayokek	nizayokek	naitekiok
	f.	nitzayoken	nizayoken	naitekion
	r.	—	nizayokezu	naitekiozu
2	r.	zitzaizkioke	zizaizkoke	zinaizkioke
	m. f.	yitzaikioke	izakioke	yaikioke
3	i.	litzayoke	lizayoke	laikioke
	m.	litzayokek	lizayokek	laikiokek
	f.	litzayoken	lizayoken	laikioken
	r.	—	lizayokezu	laikiokezu
P. 1	i.	gitzaizkioke	gizaizkoke	ginaiztekio
	m.	gitzaizkiokek	gizaizkokek	ginaiztekiok
	f.	gitzaizkioken	gizaizkoken	ginaiztekion
	r.	—	gizaizkokezu	ginaiztekiozu
2	i.	zitzaizkiokete	zizaizkokeye	zinaizkiokei
3	i.	litzaizkioke	lizaizkoke	laizkioke
	m.	litzaizkiokek	lizaizkokek	laizkiokek
	f.	litzaizkioken	lizaizkoken	laizkioken
	r.	—	lizaizkokezu	laizkiokezu

Aezcoan, Salazarais : *emprunté au conditionnel.*

POTENTIEL — Passé — il lui pouvait

		Aezcoan.	Salazarais.	Roncalais.
S. 1	i.	nitzayoke	nizayoken	naitekinan
	m.	nitzayoketa	nizayokekan	naitekina
	f.	nitzayokena	nizayokenan	naitekina
	r.	—	nizayokezun	naitekiozun
2	r.	zitzaizkioke	zizaizkoken	zinaizkiokian
	m. f.	yitzaikioke	izakioken	yaikiokian
3	i.	zitzayoke	zizayoken	zaikiokian
	m.	zitzayoketa	zizayokekan	zaikiokia
	f.	zitzayokena	zizayokenan	zaikiokia
	r.	—	zizayokezun	zaikiokezun
P. 1	i.	gitzaizkioke	gizaizkoken	ginaiztekinan
	m.	gitzaizkioketa	gizaizkokekan	ginaiztekina
	f.	gitzaizkiokena	gizaizkokenan	ginaiztekina
	r.	—	gizaizkokezun	ginaiztekiozun
2	i.	zitzaizkiokete	zizaizkokeyen	zinaizkiokiein
3	i.	zitzaizkioke	zizaizkoken	zaizkiokian
	m.	zitzaizkioketa	zizaizkokekan	zaizkiokia
	f.	zitzaizkiokena	zizaizkokenan	zaizkiokia
	r.	—	zizaizkokezun	zaizkiokezun

Salazarais, Roncalais : *emprunté au conditionnel.*

VOIX INTRANSITIVE—il leur.

Mode	Pers.		*Aezcoan.*	*Salazarais.*	*Roncalais.*
INDICATIF *Présent* il leur est	S. 1	*i.*	nitzaye	—	—
		m.	nichayek	—	—
		f.	nichayen	—	—
	2	*r.*	zaizkie	—	—
		m.f.	yakie	—	—
	3	*i.*	zaye	zaye	zabei
		m.	šayek	ziayek	zabeik
		f.	šayen	ziayen	zabein
		r.	—	ziayezu	zauzei
	P. 1	*i.*	gitzaye	—	—
		m.	gichayek	—	—
		f.	gichayen	—	—
	2	*i.*	zaizkiete	—	—
	3	*i.*	zaizkie	zaizte	zazkabei
		m.	šaizkiek	ziaiztek	zazkabeik
		f.	šaizkien	ziaizten	zazkabein
		r.	—	ziaiztezu	zazkauzei
INDICATIF *Passé* il leur était	S. 1	*i.*	nitzaye	nizayen	nitzabein
		m.	nichayeta	niziayekan	nitzabeya
		f.	nichayena	niziayenan	nitzabeya
		r.	—	niziayezun	nitzauzein
	2	*r.*	zitzaizkie	zizaizten	zitzazkabein
		m.f.	yitzaikie	izakien	yitzabein
	3	*i.*	zitzaye	zizayen	zitzabein
		m.	zichayeta	ziziayekan	zitzabeya
		f.	zichayena	ziziayenan	zitzabeya
		r.	—	ziziayezun	zitzauzein
	P. 1	*i.*	gitzaizkie	gizaizten	gitzazkabein
		m.	gichaizkieta	giziaiztekan	gitzazkabeya
		f.	gichaizkiena	giziaiztenan	gitzazkabeya
		r.	—	giziaiztezun	gitzazkauzein
	2	*i.*	zitzaizkiete	zizaizten	zitzazkabein
	3	*i.*	zitzaizkie	zizaizten	zitzazkabein
		m.	zichaizkieta	ziziaiztekan	zitzazkabeya
		f.	zichaizkiena	ziziaiztenan	zitzazkabeya
		r.	—	ziziaiztezun	zitzazkauzein
SUPPOSITIF *Présent* s'il leur était	S. 1	*i.*	banitzaye	banizaye	banitzabei
	2	*r.*	bazitzaizkie	bazizaizte	bazitzazkei
		m.f.	bayitzaikie	baizakie	bayitzabei
	3	*i.*	balitzaye	balizaye	balitzabei
	P. 1	*i.*	bagitzaizkie	bagizaizte	bagitzazkei
	2	*i.*	bazitzaizkiete	bazizaizte	bazitzazkei
	3	*i.*	balitzaizkie	balizaizte	balitzazkei
CONDITIONNEL *Présent* il leur serait	S. 1	*i.*	nitzayeke	nizayeke	naitekie
		m.	nitzayekek	nizayekek	naitekiek
		f.	nitzayeken	nizayeken	naitekien
		r.	—	nizayekezu	naitekiezu
	2	*r.*	zitzaizkieke	zizaizteke	zinaizkieke
		m.f.	yitzaikieke	izakieke	yaikieke
	3	*i.*	litzayeke	lizayeke	laikieke
		m.	litzayekek	lizayekek	laikiekek
		f.	litzayeken	lizayeken	laikieken
		r.	—	lizayekezu	laikiekezu
	P. 1	*i.*	gitzaizkieke	gizaizteke	ginaiztekie
		m.	gitzaizkiekek	gizaiztekek	ginaiztekiek
		f.	gitzaizkieken	gizaizteken	ginaiztekien
		r.	—	gizaiztekezu	ginaiztekiezu
	2	*i.*	zitzaizkiekete	zizaizteke	zinaizkiekei
	3	*i.*	litzaizkieke	lizaizteke	laizkieke
		m.	litzaizkiekek	lizaiztekek	laizkiekek
		f.	litzaizkieken	lizaizteken	laizkieken
		r.	—	lizaiztekezu	laizkiekezu
					emprunté au potentiel.
CONDITIONNEL *Passé* il leur aurait été	S. 1	*i.*	nitzayeke	nizayeken	naitekian
		m.	nitzayeketa	nizayekekan	naitekia
		f.	nitzayekena	nizayekenan	naitekia
		r.	—	nizayekezun	naitekiezun
	2	*i.*	zitzaizkieke	zizaizteken	zinaizkiekian
		m.f.	yitzaikieke	izakieken	yaikiekian
	3	*i.*	zitzayeke	zizayeken	zaikiekian
		m.	zitzayeketa	zizayekekan	zaikiekia
		f.	zitzayekena	zizayekenan	zaikiekia
		r.	—	zizayekezun	zaikiekezun
	P. 1	*i.*	gitzaizkieke	gizaizteken	ginaiztekian
		m.	gitzaizkieketa	gizaiztekekan	ginaiztekia
		f.	gitzaizkiekena	gizaiztekenan	ginaiztekia
		r.	—	gizaiztekezun	ginaiztekiezun
	2	*i.*	zitzaizkiekete	zizaizteken	zinaizkiekiein
	3	*i.*	zitzaizkieke	zizaizteken	zaizkiekian
		m.	zitzaizkieketa	zizaiztekekan	zaizkiekia
		f.	zitzaizkiekena	zizaiztekenan	zaizkiekia
		r.	—	zizaiztekezun	zaizkiekezun
					emprunté au potentiel.

Mode	Pers.		*Aezcoan.*	*Salazarais.*	*Roncalais.*
IMPÉRATIF *Présent* leur soit-il	S. 2	*r.*	zaizkie	zaizkie	zaizkie
		m.f.	yakie	akie	akie
	3	*i.*	bekie	—	bekie
	P. 2	*i.*	zaizkiete	zaizkieye	zaizkiei
	3	*i.*	bekizkie	—	bekizkie
SUBJONCTIF *Présent* qu'il leur soit	S. 1	*i.*	nakien	nakien	nakien
	2	*r.*	zaizkien	zaizkien	zaizkien
		m.f.	yakien	akien	akien
	3	*i.*	dakien	dakien	dakien
	P. 1	*i.*	gaizkien	gaizkien	gaizkien
	2	*i.*	zaizkieten	zaizkieyen	zaizkiein
	3	*i.*	dakizkien	daizkien	dazkien
SUBJONCTIF *Passé* qu'il leur fût	S. 1	*i.*	nitzayen	nizayen	nitzayen
	2	*r.*	zitzaizkien	zizaizkien	zitzaizkien
		m.f.	yitzaikien	izakien	yitzaikien
	3	*i.*	zakien	zakien	lakien
	P. 1	*i.*	gitzaizkien	gizaizkien	gitzaizkien
	2	*i.*	zitzaizkieten	zizaizkieyen	zitzaizkiein
	3	*i.*	zakizkien	zazkien	lazkien
SUPPOSITIF *Futur* s'il leur était	S. 1	*i.*	banitzaye	banizaye	banitzaye
	2	*r.*	bazitzaizkie	bazizaizkie	bazitzaizkie
		m.f.	bayitzaikie	baizakie	bayitzaikie
	3	*i.*	balakie	balakie	balakie
	P. 1	*i.*	bagitzaizkie	bagizaizkie	bagitzaizkie
	2	*i.*	bazitzaizkiete	bazizaizkieye	bazitzaizkiei
	3	*i.*	balakizkie	balazkie	balazkie
POTENTIEL *Présent* il leur peut	S. 1	*i.*	nakieke	nakieke	nayeke
		m.	ñakiekek	niakiekek	nayekek
		f.	ñakieken	niakieken	nayeken
		r.	—	niakiekezu	nayekezu
	2	*r.*	zaizkieke	zaizkieke	zaizkieke
		m.f.	yakieke	akieke	yakieke
	3	*i.*	dakieke	dakieke	dayeke
		m.	šakiekek	diaikiekek	dayekek
		f.	šakieken	diaikieken	dayeken
		r.	—	diaikiekezu	dayekezu
	P. 1	*i.*	gaizkieke	gaizkieke	gaizkieke
		m.	gaiškiekek	giaizkiekek	gaizkiekek
		f.	gaiškieken	giaizkieken	gaizkieken
		r.	—	giaizkiekezu	gaizkiekezu
	2	*i.*	zaizkiekete	zaizkiekeye	zaizkiekei
	3	*i.*	daizkieke	daizkieke	daizkieke
		m.	šaizkiekek	diaizkiekek	daizkiekek
		f.	šaizkieken	diaizkieken	daizkieken
		r.	—	diaizkiekezu	daizkiekezu
				potentiel et futur.	*potentiel et futur.*
POTENTIEL *Conditionnel* il leur pourrait	S. 1	*i.*	nitzayeke	nizayeke	naitekie
		m.	nitzayekek	nizayekek	naitekiek
		f.	nitzayeken	nizayeken	naitekien
		r.	—	nizayekezu	naitekiezu
	2	*r.*	zitzaizkieke	zizaizteke	zinaizkieke
		m.f.	yitzaikieke	izakieke	yaikieke
	3	*i.*	litzayeke	lizayeke	laikieke
		m.	litzayekek	lizayekek	laikiekek
		f.	litzayeken	lizayeken	laikieken
		r.	—	lizayekezu	laikiekezu
	P. 1	*i.*	gitzaizkieke	gizaizteke	ginaiztekie
		m.	gitzaizkiekek	gizaiztekek	ginaiztekiek
		f.	gitzaizkieken	gizaizteken	ginaiztekien
		r.	—	gizaiztekezu	ginaiztekiezu
	2	*i.*	zitzaizkiekete	zizaizteke	zinaizkiekei
	3	*i.*	litzaizkieke	lizaizteke	laizkieke
		m.	litzaizkiekek	lizaiztekek	laizkiekek
		f.	litzaizkieken	lizaizteken	laizkieken
		r.	—	lizaiztekezu	laizkiekezu
			emprunté au conditionnel.	*emprunté au conditionnel.*	
POTENTIEL *Passé* il leur pourrait	S. 1	*i.*	nitzayeke	nizayeken	naitekian
		m.	nitzayeketa	nizayekekan	naitekia
		f.	nitzayekena	nizayekenan	naitekia
		r.	—	nizayekezun	naitekiezun
	2	*r.*	zitzaizkieke	zizaizteken	zinaizkiekian
		m.f.	yitzaikieke	izakieken	yaikiekian
	3	*i.*	zitzayeke	zizayeken	zaikiekian
		m.	zitzayeketa	zizayekekan	zaikiekia
		f.	zitzayekena	zizayekenan	zaikiekia
		r.	—	zizayekezun	zaikiekezun
	P. 1	*i.*	gitzaizkieke	gizaizteken	ginaiztekian
		m.	gitzaizkieketa	gizaiztekekan	ginaiztekia
		f.	gitzaizkiekena	gizaiztekenan	ginaiztekia
		r.	—	gizaiztekezun	ginaiztekiezun
	2	*i.*	zitzaizkiekete	zizaizteken	zinaizkiekiein
	3	*i.*	zitzaizkieke	zizaizteken	zaizkiekian
		m.	zitzaizkieketa	zizaiztekekan	zaizkiekia
		f.	zitzaizkiekena	zizaiztekenan	zaizkiekia
		r.	—	zizaiztekezun	zaizkiekezun
			emprunté au conditionnel.	*emprunté au conditionnel.*	

VOIX INTRANSITIVE—il me.

Mode	Personne	Aezcoan.	Salazarais.	Roncalais.	Remarque
Indicatif *Présent* il m'est	S. 2 *r.*	zaizkida	zaizta	zaitazuđ	
	m.	yakida	—	yaitađ	
	f.	yakida	—	yaitan	
	3 *i.*	zaida	zaida	zaitađ	
	m.	šaidak	ziaidak	zaitadak	
	f.	šaidan	ziaidan	zaitadan	
	r.	—	ziaidazu	zaitazuđ	
	P. 2 *i.*	zaizkidate	zaiztaye	zaitazeiđ	
	3 *i.*	zaizkida	zaizta	zaiztađ	
	m.	šaizkidak	ziaiztak	zaiztadak	
	f.	šaizkidan	ziaiztan	zaiztadan	
	r.	—	ziaiztazu	zaiztazuđ	
Indicatif *Passé* il m'était	S. 2 *i.*	zitzaizkida	zizaiztan	zitzaizkidan	
	m. f.	yitzaikida	izaidan	yitzaikidan	
	3 *i.*	zitzaida	zizaidan	zitzaidan	
	m.	zichaidata	ziziaidakan	zitzaidaya	
	f.	zichaidana	ziziaidanan	zitzaidaya	
	r.	—	ziziaidazun	zitzaidazun	
	P. 2 *i.*	zitzaizkidate	zizaiztayen	zitzaizkidein	
	3 *i.*	zitzaizkida	zizaiztan	zitzaizkidan	
	m.	zichaizkidata	ziziaiztakan	zitzaizkidaya	
	f.	zichaizkidana	ziziaiztanan	zitzaizkidaya	
	r.	—	ziziaiztazun	zitzaizkidazun	
Suppositif *Présent* s'il m'était	S. 2 *r.*	bazitzaizkida	bazizaizta	bazitzaizkida	
	m. f.	bayitzaikida	baizaida	bayitzaikida	
	3 *i.*	balitzaida	balizaida	balitzaida	
	P. 2 *i.*	bazitzaizkidate	bazizaiztaye	bazitzaizkidei	
	3 *i.*	balitzaizkida	balizaizta	balitzaizkida	
Conditionnel *Présent* il me serait	S. 2 *r.*	zitzaizkidake	zizaiztake	zinaizkidake	Roncalais : emprunté au potentiel.
	m. f.	yitzaikidake	izaidake	yaikidake	
	3 *i.*	litzaidake	lizaidake	laikidake	
	m.	litzaidakek	lizaidakek	laikidakek	
	f.	litzaidaken	lizaidaken	laikidaken	
	r.	—	lizaidakezu	laikidakezu	
	P. 2 *i.*	zitzaizkidakete	zizaiztakeye	zinaizkidakei	
	3 *i.*	litzaizkidake	lizaiztake	laizkidake	
	m.	litzaizkidakek	lizaiztakek	laizkidakek	
	f.	litzaizkidaken	lizaiztaken	laizkidaken	
	r.	—	lizaiztakezu	laizkidakezu	
Conditionnel *Passé* il m'aurait été	S. 2 *r.*	zitzaizkidake	zizaiztaken	zinaizkidakian	Roncalais : emprunté au potentiel.
	m. f.	yitzaikidake	izaidaken	yaikidakian	
	3 *i.*	zitzaidake	zizaidaken	zaikidakian	
	m.	zitzaidaketa	ziziaidakekan	zaikidakia	
	f.	zitzaidakena	ziziaidakenan	zaikidakia	
	r.	—	ziziaidakezun	zaikidakezun	
	P. 2 *i.*	zitzaizkidakete	zizaiztakeyen	zinaizkidakiein	
	3 *i.*	zitzaizkidake	zizaiztaken	zaizkidakian	
	m.	zitzaizkidaketa	ziziaiztakekan	zaizkidakia	
	f.	zitzaizkidakena	ziziaiztakenan	zaizkidakia	
	r.	—	ziziaiztakezun	zaizkidakezun	
Impératif *Présent* me soit-il	S. 2 *r.*	zaizkida	zaizta	zaizkida	
	m. f.	yakida	akida	akida	
	3 *i.*	bekida	—	bekida	
	P. 2 *i.*	zaizkidate	zaiztaye	zaizkidei	
	3 *i.*	bekizkida	—	bekizkida	
Subjonctif *Présent* qu'il me soit	S. 2 *r.*	zaizkidan	zaiztan	zaizkidan	
	m. f.	yakidan	akidan	akidan	
	3 *i.*	dakidan	dakidan	dakidan	
	P. 2 *i.*	zaizkidaten	zaiztayen	zaizkidein	
	3 *i.*	dakizkidan	daiztan	dakizkidan	
Subjonctif *Passé* qu'il me fût	S. 2 *r.*	zitzaizkidan	zizaiztan	zitzaizkidan	
	m. f.	yitzaikidan	izaidan	yitzaikidan	
	3 *i.*	zakidan	zakidan	lakidan	
	P. 2 *i.*	zitzaizkidaten	zizaiztayen	zitzaizkidein	
	3 *i.*	zakizkidan	zazkidan	lazkidan	
Suppositif *Futur* s'il m'était	S. 2 *r.*	bazitzaizkida	bazizaizta	bazitzaizkida	
	m. f.	bayitzaikida	baizaida	bayitzaikida	
	3 *i.*	balakida	balakida	balakida	
	P. 2 *i.*	bazitzaizkidate	bazizaiztaye	bazitzaizkidei	
	3 *i.*	balakizkida	balazkida	balazkida	
Potentiel *Présent* il me peut	S. 2 *r.*	zeizkeda	zeizkeda	zaizkeda	Salazarais : potentiel et futur. Roncalais : potentiel et futur.
	m. f.	yeikeda	eikeda	yaikeda	
	3 *i.*	deikeda	dieikeda	daikeda	
	m.	šeikedak	dieikedak	daikadak	
	f.	šeikedan	dieikedan	daikadan	
	r.	—	dieikedazu	daikidazu	
	P. 2 *i.*	zeizkedate	zeizkedaye	zaizkedei	
	3 *i.*	deizkeda	deizkeda	daizkeda	
	m.	šeizkedak	dieizkedak	daizkadak	
	f.	šeizkedan	dieizkedan	daizkadan	
	r.	—	dieizkedazu	daizkadazu	
Potentiel *Conditionnel* il me pourrait	S. 2 *r.*	zitzaizkidake	zizaiztake	zinaizkidake	Aezcoan : emprunté au conditionnel. Salazarais : emprunté au conditionnel.
	m. f.	yitzaikidake	izaidake	yaikidake	
	3 *i.*	litzaidake	lizaidake	laikidake	
	m.	litzaidakek	lizaidakek	laikidakek	
	f.	litzaidaken	lizaidaken	laikidaken	
	r.	—	lizaidakezu	laikidakezu	
	P. 2 *i.*	zitzaizkidakete	zizaiztakeye	zinaizkidakei	
	3 *i.*	litzaizkidake	lizaiztake	laizkidake	
	m.	litzaizkidakek	lizaiztakek	laizkidakek	
	f.	litzaizkidaken	lizaiztaken	laizkidaken	
	r.	—	lizaiztakezu	laizkidakezu	
Potentiel *Passé* il me pouvait	S. 2 *r.*	zitzaizkidake	zizaiztaken	zinaizkidakian	Aezcoan : emprunté au conditionnel. Salazarais : emprunté au conditionnel.
	m. f.	yitzaikidake	izaidaken	yaikidakian	
	3 *i.*	zitzaidake	zizaidaken	zaikidakian	
	m.	zitzaidaketa	ziziaidakekan	zaikidakia	
	f.	zitzaidakena	ziziaidakenan	zaikidakia	
	r.	—	ziziaidakezun	zaikidakezun	
	P. 2 *i.*	zitzaizkidakete	zizaiztakeyen	zinaizkidakiein	
	3 *i.*	zitzaizkidake	zizaiztaken	zaizkidakian	
	m.	zitzaizkidaketa	ziziaiztakekan	zaizkidakia	
	f.	zitzaizkidakena	ziziaiztakenan	zaizkidakia	
	r.	—	ziziaiztakezun	zaizkidakezun	

VOIX INTRANSITIVE—il nous.

		Aezcoan.	Salazarais.	Roncalais.
INDICATIF *Présent* il nous est	S. 2 *r.*	zaizkigu	zaizku	zaizkuguzu
	m. f.	yakigu	—	yaikugu
	3 *i.*	zaigu	zaiku	zaiku
	m.	šaiguk	ziaikuk	zaikuk
	f.	šaigun	ziaikun	zaikun
	r.	—	ziaikuzu	zaikuguzu
	P. 2 *i.*	zaizkigute	zaizkuye	zaizkuguzei
	3 *i.*	zaizkigu	zaizku	zaizkugu
	m.	šaizkiguk	ziaizkuk	zaizkuk
	f.	šaizkigun	ziaizkun	zaizkun
	r.	—	ziaizkuzu	zaizkuguzu
INDICATIF *Passé* il nous était	S. 2 *r.*	zitzaizkigu	zizaizkun	zitzaizkigun
	m. f.	yitzaikigu	izaikun	yitzaikigun
	3 *i.*	zitzaigu	zizaikun	zitzaikun
	m.	zichaiguta	ziziaikukan	zitzaikuya
	f.	zichaiguna	ziziaikunan	zitzaikuya
	r.	—	ziziaikuzun	zitzaikuzun
	P. 2 *i.*	zitzaizkigute	zizaizkuyen	zitzaizkigein
	3 *i.*	zitzaizkigu	zizaizkun	zitzaizkigun
	m.	zichaizkiguta	ziziaizkukan	zitzaizkiguya
	f.	zichaizkiguna	ziziaizkunan	zitzaizkiguya
	r.	—	ziziaizkuzun	zitzaizkiguzun
SUPPOSITIF *Présent* s'il nous était	S. 2 *r.*	bazitzaizkigu	bazizaizku	bazitzaizkigu
	m. f.	bayitzaikigu	baizaiku	bayitzaiku
	3 *i.*	balitzaigu	balizaiku	balitzaiku
	P. 2 *i.*	bazitzaizkigute	bazizaizkuye	bazitzaizkigei
	3 *i.*	balitzaizkigu	balizaizku	balitzaizku
CONDITIONNEL *Présent* il nous serait	S. 2 *r.*	zitzaizkiguke	zizaizkuke	zinaizkiguke
	m. f.	yitzaiguke	izaikuke	yaikiguke
	3 *i.*	litzaiguke	lizaikuke	laikiguke
	m.	litzaigukek	lizaikukek	laikigukek
	f.	litzaiguken	lizaikuken	laikiguken
	r.	—	lizaikukezu	laikigukezu
	P. 2 *i.*	zitzaizkigukete	zizaizkukeye	zinaizkigukei
	3 *i.*	litzaizkiguke	lizaizkuke	laizkiguke
	m.	litzaizkigukek	lizaizkukek	laizkigukek
	f.	litzaizkiguken	lizaizkuken	laizkiguken
	r.	—	lizaizkukezu	laizkigukezu
				emprunté au potentiel.
CONDITIONNEL *Passé* il nous aurait été	S. 2 *r.*	zitzaizkiguke	zizaizkuken	zinaizkigukian
	m. f.	yitzaikiguke	izaikuken	yaikigukian
	3 *i.*	zitzaiguke	zizaikuken	zaikigukian
	m.	zitzaiguketa	ziziaikukekan	zaikigukia
	f.	zitzaigukena	ziziaikukenan	zaikigukia
	r.	—	ziziaikukezun	zaikigukezun
	P. 2 *i.*	zitzaizkigukete	zizaizkukeyen	zinaizkigukiein
	3 *i.*	zitzaizkiguke	zizaizkuken	zaizkigukian
	m.	zitzaizkiguketa	ziziaizkukekan	zaizkigukia
	f.	zitzaizkigukena	ziziaizkukenan	zaizkigukia
	r.	—	ziziaizkukezun	zaizkigukezun
				emprunté au potentiel.

		Aezcoan.	Salazarais.	Roncalais.
IMPÉRATIF *Présent* nous soit-il	S. 2 *r.*	zaizkigu	zaizku	zaizkigu
	m. f.	yakigu	akigu	akigu
	3 *i.*	bekigu	—	bekigu
	P. 2 *i.*	zaizkigute	zaizkuye	zaizkigei
	3 *i.*	bekizkigu	—	bekizkigu
SUBJONCTIF *Présent* qu'il nous soit	S. 2 *r.*	zaizkigun	zaizkun	zaizkigun
	m. f.	yakigun	akigun	akigun
	3 *i.*	dakigun	dakigun	dakigun
	P. 2 *i.*	zaizkiguten	zaizkuyen	zaizkigein
	3 *i.*	dakizkigun	daizkun	dakizkigun
SUBJONCTIF *Passé* qu'il nous fût	S. 2 *r.*	zitzaizkigun	zizaizkun	zitzaizkigun
	m. f.	yitzaikigun	izaikun	yitzaikigun
	3 *i.*	zakigun	zakigun	lakigun
	P. 2 *i.*	zitzaizkiguten	zizaizkuyen	zitzaizkigein
	3 *i.*	zakizkigun	zazkigun	lazkigun
SUPPOSITIF *Futur* s'il nous était	S. 2 *r.*	bazitzaizkigu	bazizaizku	bazitzaizkigu
	m. f.	bayitzaikigu	baizaiku	bayitzaikigu
	3 *i.*	balakigu	balakigu	balakigu
	P. 2 *i.*	bazitzaizkigute	bazizaizkuye	bazitzaizkigei
	3 *i.*	balakizkigu	balazkigu	balazkigu
POTENTIEL *Présent* il nous peut	S. 2 *r.*	zeizkegu	zeizkegu	zaizkegu
	m. f.	yeikegu	eikegu	yaikegu
	3 *i.*	deikegu	deikegu	daikegu
	m.	šeikeguk	dieikeguk	daikaguk
	f.	šeikegun	dieikegun	daikagun
	r.	—	dieikeguzu	daikaguzu
	P. 2 *i.*	zeizkegute	zeizkeguye	zaizkegei
	3 *i.*	deizkegu	deizkegu	daizkegu
	m.	šeizkeguk	dieizkeguk	daizkaguk
	f.	šeizkegun	dieizkegun	daizkagun
	r.	—	dieizkeguzu	daizkaguzu
			potentiel et futur.	*potentiel et futur.*
POTENTIEL *Conditionnel* il nous pourrait	S. 2 *r.*	zitzaizkiguke	zizaizkuke	zinaizkiguke
	m. f.	yitzaikiguke	izaikuke	yaikiguke
	3 *i.*	litzaiguke	lizaikuke	laikiguke
	m.	litzaigukek	lizaikukek	laikigukek
	f.	litzaiguken	lizaikuken	laikiguken
	r.	—	lizaikukezu	laikigukezu
	P. 2 *i.*	zitzaizkigukete	zizaizkukeye	zinaizkigukei
	3 *i.*	litzaizkiguke	lizaizkuke	laizkiguke
	m.	litzaizkigukek	lizaizkukek	laizkigukek
	f.	litzaizkiguken	lizaizkuken	laizkiguken
	r.	—	lizaizkukezu	laizkigukezu
		emprunté au conditionnel.	*emprunté au conditionnel.*	
POTENTIEL *Passé* il nous pouvait	S. 2 *r.*	zitzaizkiguke	zizaizkuken	zinaizkigukian
	m. f.	yitzaikiguke	izaikuken	yaikigukian
	3 *i.*	zitzaiguke	zizaikuken	zaikigukian
	m.	zitzaiguketa	ziziaikukekan	zaikigukia
	f.	zitzaigukena	ziziaikukenan	zaikigukia
	r.	—	ziziaikukezun	zaikigukezun
	P. 2 *i.*	zitzaizkigukete	zizaizkukeyen	zinaizkigukiein
	3 *i.*	zitzaizkiguke	zizaizkuken	zaizkigukian
	m.	zitzaizkiguketa	ziziaizkukekan	zaizkigukia
	f.	zitzaizkigukena	ziziaizkukenan	zaizkigukia
	r.	—	ziziaizkukezun	zaizkigukezun
		emprunté au conditionnel.	*emprunté au conditionnel.*	

VOIX INTRANSITIVE—il te.

Mode	Pers.		Aezcoan.	Salazarais.	Roncalais.	
INDICATIF *Présent* il t'est	S. 1	*r.*	nitzaizu	—	naizu	
		m.	nitzaik	—	naik	
		f.	nitzain	—	nain	
	3	*r.*	zaizu	zaizu	zaizu	
		m.	zaik	zaik	zaik	
		f.	zain	zain	zain	
	P. 1	*r.*	gitzaizu	—	gaizkuzu	
		m.	gitzaik	—	gaizkuk	
		f.	gitzain	—	gaizkun	
	3	*r.*	zaizkizu	zaizkizu	zaizkuzu	
		m.	zaizkik	zaizkik	zaizkuk	
		f.	zaizkin	zaizkin	zaizkun	
INDICATIF *Passé* il t'était	S. 1	*r.*	nitzaizu	nizaizun	nitzaizun	
		m.	nitzaita	nizaikan	nitzaya	
		f.	nitzaina	nizainan	nitzaya	
	3	*r.*	zitzaizu	zizaizun	zitzaizun	
		m.	zitzaita	zizaikan	zitzaya	
		f.	zitzaina	zizainan	zitzaya	
	P. 1	*r.*	gitzaizu	gizaizun	gitzaizun	
		m.	gitzaita	gizaikan	gitzaya	
		f.	gitzaina	gizainan	gitzaya	
	3	*r.*	zitzaizkizu	zizaizkizun	zitzaizkizun	
		m.	zitzaizkita	zizaizkikan	zitzaizkia	
		f.	zitzaizkina	zizaizkinan	zitzaizkia	
SUPPOSITIF *Présent* s'il t'était	S. 1	*r.*	banitzaizu	banizaizu	banitzaizu	
		m.	banitzaik	banizaik	banitzaik	
		f.	banitzain	banizain	banitzain	
	3	*r.*	balitzaizu	balizaizu	balitzaizu	
		m.	balitzaik	balizaik	balitzaik	
		f.	balitzain	balizain	balitzain	
	P. 1	*r.*	bagitzaizu	bagizaizu	bagitzaizu	
		m.	bagitzaik	bagizaik	bagitzaik	
		f.	bagitzain	bagizain	bagitzain	
	3	*r.*	balitzaizkizu	balizaizkizu	balitzaizkizu	
		m.	balitzaizkik	balizaizkik	balitzaizkik	
		f.	balitzaizkin	balizaizkin	balitzaizkin	
CONDITIONNEL *Présent* il te serait	S. 1	*r.*	nitzaikezu	nizaikezu	naitekezu	*emprunté au potentiel.*
		m.	nitzaikek	nizaikek	naitekek	
		f.	nitzaiken	nizaiken	naiteken	
	3	*r.*	litzaikezu	lizaikezu	laitekezu	
		m.	litzaikek	lizaikek	laitekek	
		f.	litzaiken	lizaiken	laiteken	
	P. 1	*r.*	gitzaikezu	gizaikezu	ginaiztekezu	
		m.	gitzaikek	gizaikek	ginaiztekek	
		f.	gitzaiken	gizaiken	ginaizteken	
	3	*r.*	litzaizkikezu	lizaizkikezu	laiztekezu	
		m.	litzaizkikek	lizaizkikek	laiztekek	
		f.	litzaizkiken	lizaizkiken	laizteken	
CONDITIONNEL *Passé* il t'aurait été	S. 1	*r.*	nitzaikezu	nizaikezun	naitekezun	*emprunté au potentiel.*
		m.	nitzaiketa	nizaikekan	naitekia	
		f.	nitzaikena	nizaikenan	naitekia	
	3	*r.*	zitzaikezu	zizaikezun	zaitekezun	
		m.	zitzaiketa	zizaikekan	zaitekia	
		f.	zitzaikena	zizaikenan	zaitekia	
	P. 1	*r.*	gitzaikezu	gizaikezun	ginaiztekezun	
		m.	gitzaiketa	gizaikekan	ginaiztekia	
		f.	gitzaikena	gizaikenan	ginaiztekia	
	3	*r.*	zitzaizkikezu	zizaizkikezun	zaiztekezun	
		m.	zitzaizkiketa	zizaizkikekan	zaiztekia	
		f.	zitzaizkikena	zizaizkikenan	zaiztekia	
SUBJONCTIF *Présent* qu'il te soit	S. 1	*r.*	nakizun	nakizun	nakizun	
		m.	nakikan	nakikan	nakian	
		f.	nakinan	nakinan	nakian	
	3	*r.*	dakizun	dakizun	dakizun	
		m.	dakikan	dakikan	dakian	
		f.	dakinan	dakinan	dakian	

Mode	Pers.		Aezcoan.		Salazarais.		Roncalais.	
SUBJONCTIF *Présent* qu'il te soit	P. 1	*r.*	gaizkizun		gaizkizun		gazkizun	
		m.	gaizkikan		gaizkian		gazkian	
		f.	gaizkinan		gaizkinan		gazkian	
	3	*r.*	dakizkizun		daizkizun		dazkizun	
		m.	dakizkikan		daizkian		dazkian	
		f.	dakizkinan		daizkinan		dazkiau	
SUBJONCTIF *Passé* qu'il te fût	S. 1	*r.*	nitzaizun		nizaizun		nitzaizun	
		m.	nitzaikan		nizaikan		nitzayan	
		f.	nitzainan		nizainan		nitzayan	
	3	*r.*	zakizun		zakizun		lakizun	
		m.	zakikan		zakikan		lakian	
		f.	zakinan		zakinan		lakian	
	P. 1	*r.*	gitzaizun		gizaizun		gitzaizun	
		m.	gitzaikan		gizaikan		gitzayan	
		f.	gitzainan		gizainan		gitzayan	
	3	*r.*	zakizkizun		zazkizun		lazkizun	
		m.	zakizkikan		zazkian		lazkian	
		f.	zakizkinan		zazkinan		lazkian	
SUPPOSITIF *Futur* s'il t'était	S. 1	*r.*	banitzaizu		banizaizu		banitzaizu	
		m.	banitzaik		banizaik		banitzaik	
		f.	banitzain		banizain		banitzain	
	3	*r.*	balakizu		balakizu		balakizu	
		m.	balakik		balakik		balakik	
		f.	balakin		balakin		balakin	
	P. 1	*r.*	bagitzaizu		bagizaizu		bagitzaizu	
		m.	bagitzaik		bagizaik		bagitzaik	
		f.	bagitzain		bagizain		bagitzain	
	3	*r.*	balakizkizu		balazkizu		balazkizu	
		m.	balakizkik		balazkik		balazkik	
		f.	balakizkin		balazkin		balazkin	
POTENTIEL *Présent* il te peut	S. 1	*r.*	nakikezu		neikezu	*potentiel et futur.*	naikezu	*potentiel et futur.*
		m.	nakikek		neikek		naikek	
		f.	nakiken		neiken		naiken	
	3	*r.*	dakikezu		deikezu		daikezu	
		m.	dakikek		deikek		daikek	
		f.	dakiken		deiken		daiken	
	P. 1	*r.*	gaizkezu		geizkezu		gaizkezu	
		m.	gaizkek		geizkek		gaizkek	
		f.	gaizken		geizken		gaizken	
	3	*r.*	daizkezu		deizkezu		daizkezu	
		m.	daizkek		deizkek		daizkek	
		f.	daizken		deizken		daizken	
POTENTIEL *Conditionnel* il te pourrait	S. 1	*r.*	nitzaikezu	*emprunté au conditionnel.*	nizaikezu	*emprunté au conditionnel.*	naitekezu	
		m.	nitzaikek		nizaikek		naitekek	
		f.	nitzaiken		nizaiken		naiteken	
	3	*r.*	litzaikezu		lizaikezu		laitekezu	
		m.	litzaikek		lizaikek		laitekek	
		f.	litzaiken		lizaiken		laiteken	
	P. 1	*r.*	gitzaikezu		gizaikezu		ginaiztekezu	
		m.	gitzaikek		gizaikek		ginaiztekek	
		f.	gitzaiken		gizaiken		ginaizteken	
	3	*r.*	litzaizkikezu		lizaizkikezu		laiztekezu	
		m.	litzaizkikek		likaizkikek		laiztekek	
		f.	litzaizkiken		lizaizkiken		laizteken	
POTENTIEL *Passé* il te pouvait	S. 1	*r.*	nitzaikezu	*emprunté au conditionnel.*	nizaikezun	*emprunté au conditionnel.*	naitekezun	
		m.	nitzaiketa		nizaikekan		naitekia	
		f.	nitzaikena		nizaikenan		naitekia	
	3	*r.*	zitzaikezu		zizaikezun		zaitekezun	
		m.	zitzaiketa		zizaikekan		zaitekia	
		f.	zitzaikena		zizaikenan		zaitekia	
	P. 1	*r.*	gitzaikezu		gizaikezun		ginaiztekezun	
		m.	gitzaiketa		gizaikekan		ginaiztekia	
		f.	gitzaikena		gizaikenan		ginaiztekia	
	3	*r.*	zitzaizkikezu		zizaizkikezun		zaiztekezun	
		m.	zitzaizkiketa		zizaizkikekan		zaiztekia	
		f.	zitzaizkikena		zizaizkikenan		zaiztekia	

VOIX INTRANSITIVE—il vous.

Mode			*Aezcoan.*	*Salazarais.*	*Roncalais.*
INDICATIF *Présent* il vous est	S.	1	nitzaizie	—	naizei
		3	zaizie	zaizie	zaizei
	P.	1	gitzaizie	—	guizkuzei
		3	zaizkizie	zaizkizie	zaizkuzei
INDICATIF *Passé* il vous était	S.	1	nitzaizie	nizaizien	nitzaizein
		3	zitzaizie	zizaizien	zitzaizein
	P.	1	gitzaizie	gizaizien	gitzaizein
		3	zitzaizkizie	zizaizkizien	zitzaizkizein
SUPPOSITIF *Présent* s'il vous était	S.	1	banitzaizie	banizaizie	banitzaizei
		3	balitzaizie	balizaizie	balitzaizei
	P.	1	bagitzaizie	bagizaizie	bagitzaizei
		3	balitzaizkizie	balizaizkizie	balitzaizkizei
CONDITIONNEL *Présent* il vous serait	S.	1	nitzaikezie	nizaikezie	naitekezei[1]
		3	litzaikezie	lizaikezie	laitekezei
	P.	1	gitzaikezie	gizaikezie	ginaiztekezei
		3	litzaizkikezie	lizaizkikezie	laiztekezei
CONDITIONNEL *Passé* il vous aurait été	S.	1	nitzaikezie	nizaikezien	naitekezein[1]
		3	zitzaikezie	zizaikezien	zaitekezein
	P.	1	gitzaikezie	gizaikezien	ginaiztekezein
		3	zitzaizkikezie	zizaizkikezien	zaiztekezein
SUBJONCTIF *Présent* qu'il vous soit	S.	1	nakizien	nakizien	nakizein
		3	dakizien	dakizien	dakizein
SUBJONCTIF *Présent* qu'il vous soit	P.	1	gaizkizien	gaizkizien	gazkizein
		3	dakizkizien	daizkizien	dazkizein
SUBJONCTIF *Passé* qu'il vous fût	S.	1	nitzaizien	nizaizien	nitzaizein
		3	zakizien	zakizien	lakizein
	P.	1	gitzaizien	gizaizien	gitzaizein
		3	zakizkizien	zazkizien	lazkizein
SUPPOSITIF *Futur* s'il vous était	S.	1	banitzaizie	banizaizie	banitzaizei
		3	balakizie	balakizie	balakizei
	P.	1	bagitzaizie	bagizaizie	bagitzaizei
		3	balakizkizie	balazkizie	balazkizei
POTENTIEL *Présent* il vous peut	S.	1	nakikezie	neikezie[2]	naikezei[2]
		3	dakikezie	deikezie	daikezei
	P.	1	gaizkezie	geizkezie	gaizkezei
		3	daizkezie	deizkezie	daizkezei
POTENTIEL *Conditionnel* il vous pourrait	S.	1	nitzaikezie[3]	nizaikezie[3]	naitekezei
		3	litzaikezie	lizaikezie	laitekezei
	P.	1	gitzaikezie	gizaikezie	ginaiztekezei
		3	litzaizkikezie	lizaizkikezie	laiztekezei
POTENTIEL *Passé* il vous pouvait	S.	1	nitzaikezie[3]	nizaikezien[3]	naitekezein
		3	zitzaikezie	zizaikezien	zaitekezein
	P.	1	gitzaikezie	gizaikezien	ginaiztekezein
		3	zitzaizkikezie	zizaizkikezien	zaiztekezein

[1] *emprunté au potentiel.* [2] *potentiel et futur conjectural.* [3] *emprunté au conditionnel.*

VOIX TRANSITIVE—il le.

INDICATIF — *Présent* — il l'a

		Aezcoan.	Salazarais.	Roncalais.
S. 1	i.	dut	dut	dud
	m.	diat	diat	diak
	f.	dinat	nat	dian
	r.	—	zut	diez
2	r.	duzu	zu	tzu
	m.	duk	duk	duk
	f.	dun	dun	dun
3	i.	du	du	du
	m.	dik	dik	dik
	f.	din	din	din
	r.	—	zu	dizu
P. 1	i.	dugu	dugu	digu
	m.	diau	diagu	diguk
	f.	dinau	nagun	digun
	r.	—	zugu	diguzu
2	i.	duzie	zie	tzei
3	i.	dute	die	dei
	m.	die	die	deik
	f.	dine	ne.	dein
	r.	—	zie	dizei

INDICATIF — *Passé* — il l'avait

		Aezcoan.	Salazarais.	Roncalais.
S. 1	i.	nue	nuen	nion
	m.	nia	nikan	nia
	f.	nina	ninan	nia
	r.	—	nizun	nizun
2	r.	zindue	zinuen	zunion
	m.f.	yue	uen	yon
3	i.	zue	zuen	zion
	m.	zia	zikan	zia
	f.	zina	zinan	zia
	r.	—	zizun	zizun
P. 1	i.	gindue	ginnen	ginion
	m.	gindia	ginikan	ginia
	f.	gindina	gininan	ginia
	r.	—	ginizun	ginizun
2	i.	zindute	zinien	zinein
3	i.	zute	zien	zein
	m.	zitea	ziekan	zeya
	f.	zitena	zienan	zeya
	r.	—	zizien	zezein

SUPPOSITIF — *Présent* — s'il l'avait

		Aezcoan.	Salazarais.	Roncalais.
S. 1	i.	banu	banu	banu
2	r.	bazindu	bazinu	bazunu
	m.f.	bayu	bayu	bayu
3	i.	balu	balu	balu
P. 1	i.	bagindu	baginu	bagunu
2	i.	bazindute	bazinie	bazinei
3	i.	balute	balie	balei

CONDITIONNEL — *Présent* — il l'aurait

		Aezcoan.	Salazarais.	Roncalais.
S. 1	i.	nuke	noke	noke
	m.	nikek	niokek	nokek
	f.	niken	nioken	noken
	r.	—	niokezu	nokezu
2	r.	zinduke	zinoke	zinoke
	m.f.	yuke	oke	yoke
3	i.	luke	loke	loke
	m.	likek	liokek	lokek
	f.	liken	lioken	loken
	r.	—	liokezu	lokezu
P. 1	i.	ginduke	ginoke	ginoke
	m.	gindikek	giniokek	ginokek
	f.	gindiken	giniokek	ginoken
	r.	—	giniokezu	ginokezu
2	i.	zindukete	zinokeye	zinokei
3	i.	lukete	lokeye	lokei
	m.	liketek	liokeyek	lokeik
	f.	likene	liokeyen	lokein
	r.	—	liokezie	lokezei

CONDITIONNEL — *Passé* — il l'aurait eu

		Aezcoan.	Salazarais.	Roncalais.
S.	i.	nuke	noken	nokian
	m.	niketa	niokekan	nokia
	f.	nikena	niokenan	nokia
	r.	—	niokezun	nokezun
2	r.	zinduke	zinoken	zinokian
	m.f.	yuke	oken	yokian
3	i.	zuke	zoken	zokian
	m.	ziketa	ziokekan	zokia
	f.	zikena	ziokenan	zokia
	r.	—	ziokezun	zokezun
P. 1	i.	ginduke	ginoken	ginokian
	m.	gindiketa	giniokekan	ginokia
	f.	gindikena	giniokenan	ginokia
	r.	—	giniokezun	ginokezun
2	i.	zindukete	zinokeyen	zinokiein
3	i.	zukete	zokeyen	zokiein
	m.	ziketea	ziokeyekan	zokieya
	f.	ziketena	ziokeyenan	zokieya
	r.	—	ziokezien	zokezein

IMPÉRATIF — *Présent* — l'ait-il

		Aezcoan.	Salazarais.	Roncalais.
S. 2	r.	zazu	zazu	zazu
	m.	zak	zak	zak
	f.	zan	zan	zan
3	i.	beza	—	beza
P. 2	i.	zazie	zazie	zazoi
3	i.	bozate	—	bezei

SUBJONCTIF — *Présent* — qu'il l'ait

		Aezcoan.	Salazarais.	Roncalais.
S. 1	i.	zadan	zatan	tzadan
2	r.	zazun	zazun	tzazun
	m.	zakan	zakan	tzayan
	f.	zanan	zanan	tzayau
3	i.	zan	zan	tzan
P. 1	i.	zagun	zagun	tzagun
2	i.	zazien	zazien	tzazein
3	i.	zaten	zayen	tzein

SUBJONCTIF — *Passé* — qu'il l'eût

		Aezcoan.	Salazarais.	Roncalais.
S. 1	i.	nezan	nezan	nezan
2	r.	zindezan	zinezan	zinezan
	m.f.	yezan	ezan	yezan
3	i.	zezan	zezan	lezan
P. 1	i.	gindezan	ginezan	ginezan
2	i.	zindezaten	zinezayen	zinezein
3	i.	zezaten	zezayen	lezein

SUPPOSITIF — *Futur* — s'il l'avait

		Aezcoan.	Salazarais.	Roncalais.
S. 1	i.	banez	baneza	baneza
2	r.	bazindez	bazineza	bazineza
	m.f.	bayez	baeza	bayeza
3	i.	balez	baleza	baleza
P. 1	i.	bagindez	bagineza	bagineza
2	i.	bazindezate	bazinezayo	bazinezei
3	i.	balezate	balezayo	balezei

POTENTIEL — *Présent* — il le peut

		Aezcoan.	Salazarais.	Roncalais.
S. 1	i.	zaket	doket	droked
	m.	šakotat	diokeat	drokenk
	f.	šakenat	diokenat	drokean
	r.	—	diokezut	drokezud
2	r.	zakezu	dokezu	drokezu
	m.	zakek	dokek	drokek
	f.	zaken	doken	droken
3	i.	zake	doke	droko
	m.	šakek	diokek	drokek
	f.	šaken	dioken	droken
	r.	—	diokezu	drokezu
P. 1	i.	zakegu	dokegu	drokegu
	m.	šakeguk	diokegu	drokeguk
	f.	šakegun	diokenagu	drokegun
	r.	—	diokezugu	drokeguzu
2	i.	zakezie	dokezie	drokezei
3	i.	zakete	dokeye	drokei
	m.	šaketek	diokeyek	drokeik
	f.	šakene	diokeyen	drokein
	r.	—	diokezie	drokezei

Salazarais : N.B. Ce temps est potentiel quant au sens, et futur conjectural quant au sens et quant à la forme.

Roncalais : N.B. Ce temps est potentiel quant au sens et quant à la forme, et futur conjectural quant au sens.

POTENTIEL — *Conditionnel* — il le pourrait

		Aezcoan.	Salazarais.	Roncalais.
S. 1	i.	nezake	noke	noke
	m.	nezakek	niokek	nokek
	f.	nezaken	nioken	noken
	r.	—	niokezu	nokezu
2	r.	zindezake	zinoke	zinoke
	m.f.	yezake	oke	yoke
3	i.	lezake	loke	loke
	m.	lezakek	liokek	lokek
	f.	lezaken	lioken	loken
	r.	—	liokezu	lokezu
P. 1	i.	gindezake	ginoke	ginoke
	m.	gindezakek	giniokek	ginokek
	f.	gindezaken	giniokeh	ginoken
	r.	—	giniokezu	ginokezu
2	i.	zindezakete	zinokeye	zinokei
3	i.	lezakete	lokeye	lokei
	m.	lezaketek	liokeyek	lokeik
	f.	lezakene	liokeyen	lokein
	r.	—	liokezie	lokezei

Salazarais : emprunté au conditionnel. — Roncalais : emprunté au conditionnel.

POTENTIEL — *Passé* — il le pouvait

		Aezcoan.	Salazarais.	Roncalais.
S. 1	i.	nuke	noken	nokian
	m.	niketa	niokekan	nokia
	f.	nikena	niokenan	nokia
	r.	—	niokezun	nokezun
2	r.	zinduke	zinoken	zinokiau
	m.f.	yuke	oken	yokian
3	i.	zuke	zoken	zokian
	m.	ziketa	ziokekan	zokia
	f.	zikena	ziokenan	zokia
	r.	—	ziokezun	zokezun
P. 1	i.	ginduke	ginoken	ginokian
	m.	gindiketa	giniokekan	ginokia
	f.	gindikena	giniokenan	ginokia
	r.	—	giniokezun	ginokezun
2	i.	zindukete	zinokeyen	zinokiein
3	i.	zukete	zokeyen	zokiein
	m.	ziketea	ziokeyekan	zokieya
	f.	ziketena	ziokeyenan	zokieya
	r.	—	ziokezien	zokezoin

Aezcoan : emprunté au conditionnel. — Salazarais : emprunté au conditionnel. — Roncalais : emprunté au conditionnel.

VOIX TRANSITIVE—il les.

Mode	Pers.		*Aezcoan.*	*Salazarais.*	*Roncalais.*
Indicatif *Présent* il les a	S. 1	*i.*	tut	tut	tuď
		m.	tiat	tiat	tiak
		f.	tinat	tinat	tian
		r.	—	tzut	tiez
	2	*r.*	tuzu	tzu	dutzu
		m.	tuk	tuk	tuk
		f.	tun	tun	tun
	3	*i.*	tu	tu	tu
		m.	tik	tik	tik
		f.	tin	tin	tin
		r.	—	tzu	tizu
	P. 1	*i.*	tugu	tugu	tugu
		m.	tiau	tingu	tiguk
		f.	tinau	tinagu	tigun
		r.	—	tzugu	tiguzu
	2	*i.*	tuzie	tzie	ditzei
	3	*i.*	tuzte	tie	tei
		m.	tie	tie	teik
		f.	tino	tine	tein
		r.	—	tzie	tizei
Indicatif *Passé* il les avait	S. 1	*i.*	nitue	nituen	nition
		m.	nitia	nitikan	nitia
		f.	nitina	nitinan	nitia
		r.	—	nitizun	nitizun
	2	*r.*	zinduze	zintzan	zuntion
		m.f.	yitue	ituen	yition
	3	*i.*	zitue	ztuen	ztion
		m.	zitia	ztikan	ztia
		f.	zitina	ztinan	ztia
		r.	—	ztizun	ztizun
	P. 1	*i.*	ginduzo	gintzan	gintion
		m.	gindizta	gintikan	gintia
		f.	gindizena	gintinan	gintia
		r.	—	gintzun	gintizun
	2	*i.*	zinduzte	zintzayen	zintein
	3	*i.*	zituzte	ztien	ztein
		m.	zitiztea	ztiekan	zteya
		f.	zitiztena	ztienan	zteya
		r.	—	ztizien	ztezein
Suppositif *Présent* s'il les avait	S. 1	*i.*	banitu	banitu	banuntu
	2	*r.*	bazinduz	bazintza	bazuntu
		m.f.	baitu	baitu	bayuntu
	3	*i.*	balitu	balitu	balutu
	P. 1	*i.*	baginduz	bagintza	baguntu
	2	*i.*	bazinduzte	bazintzaye	bazuntei
	3	*i.*	balituzte	balitie	balitei
Conditionnel *Présent* il les aurait	S. 1	*i.*	nuzke	nozke	nozke
		m.	nizkek	niozkek	nozkek
		f.	nizken	niozken	nozken
		r.	—	niozkezu	nozkezu
	2	*r.*	zinduzke	zinozke	zinozke
		m.f.	yuzke	ozke	zozke
	3	*i.*	luzke	lozke	lozke
		m.	lizkek	liozkek	lozkek
		f.	lizken	liozken	lozken
		r.	—	liozkezu	lozkezu
	P. 1	*i.*	ginduzke	ginozke	ginozke
		m.	gindizkek	giniozkek	ginozkek
		f.	gindizken	giniozken	ginozken
		r.	—	giniozkezu	ginozkezu
	2	*i.*	zinduzkete	zinozkeye	zinozkei
	3	*i.*	luzkete	lozkeye	lozkei
		m.	lizketek	liozkeyek	lozkeik
		f.	lizkene	liozkeyen	lozkein
		r.	—	liozkezie	lozkezei
Conditionnel *Passé* il les aurait eus	S. 1	*i*	nuzke	nozken	nozkian
		m.	nizketa	niozkekan	nozkia
		f.	nizkena	niozkenan	nozkia
		r.	—	niozkezun	nozkezun
	2	*r.*	zinduzke	zinozken	zinozkian
		m.f.	yuzke	ozken	yozkian
	3	*i.*	zuzke	zozken	zozkian
		m.	zizketa	ziozkekan	zozkia
		f.	zizkena	ziozkenan	zozkia
		r.	—	ziozkezun	zozkezun
	P. 1	*i.*	ginduzke	ginozken	ginozkian
		m.	gindizketa	giniozkekan	ginozkia
		f.	gindizkena	giniozkenan	ginozkia
		r.	—	giniozkezun	ginozkezun
	2	*i.*	zinduzkete	zinozkeyen	zinozkiein
	3	*i.*	zuzkete	zozkeyen	zozkiein
		m.	zizketea	ziozkeyekan	zozkieya
		f.	zizketena	ziozkeyenan	zozkieya
		r.	—	ziozkezien	zozkezein

Mode	Pers.		*Aezcoan.*	*Salazarais.*	*Roncalais.*
Impératif *Présent* les ait-il	S. 2	*r.*	zkizu	zkizu	tzazu
		m.	zkik	zkik	tzak
		f.	zkin	zkin	tzan
	3	*i.*	bezki	—	betza
	P. 2	*i.*	zkizie	zkizie	tzazei
	3	*i.*	bezkite	—	botzei
Subjonctif *Présent* qu'il les ait	S. 1	*i.*	zkidan	zkitan	tzadan
	2	*r.*	zkizun	zkizun	tzazun
		m.	zkikan	zkikan	tzayan
		f.	zkinan	zkinan	tzayan
	3	*i.*	zkien	zkien	tzan
	P. 1	*i.*	zkigun	zkigun	tzagun
	2	*i.*	zkizien	zkizien	tzazein
	3	*i.*	zkiten	zkien	tzein
Subjonctif *Passé* qu'il les eût	S. 1	*i.*	nezkien	netzan	netzan
	2	*r.*	zindezkien	zinetzan	zinetzan
		m.f.	yezkien	etzan	yetzan
	3	*i.*	zezkien	zetzan	letzan
	P. 1	*i.*	gindezkien	ginetzan	ginetzan
	2	*i.*	zindezkiten	zinetzayen	zinetzein
	3	*i.*	zezkiten	zetzayen	letzein
Suppositif *Futur* s'il les avait	S. 1	*i.*	banezki	banetza	banetza
	2	*r.*	bazindezki	bazinetza	bazinetza
		m.f.	bayezki	baetza	bayetza
	3	*i.*	balezki	baletza	baletza
	P. 1	*i.*	bagindezki	baginetza	baginetza
	2	*i.*	bazindezkite	bazinetzaye	bazinetzei
	3	*i.*	balezkite	baletzayo	baletzei
Potentiel *Présent* il les peut	S. 1	*i.*	zazket	dozket	drozkeď
		m.	šazketat	diozkeat	drozkeak
		f.	šazkenat	diozkenat	drozkean
		r.	—	diozkezut	drozkezuď
	2	*r.*	zazkezu	dozkezu	drozkezu
		m.	zazkek	dozkek	drozkek
		f.	zazken	dozken	drozken
	3	*i.*	zazke	dozke	drozke
		m.	šazkek	diozkek	drozkek
		f.	šazken	diozken	drozken
		r.	—	diozkezu	drozkezu
	P. 1	*i.*	zazkegu	dozkegu	drozkegu
		m.	šazkeguk	diozkegu	drozkeguk
		f.	šazkegun	diozkenagu	drozkegun
		r.	—	diozkezugu	drozkeguzu
	2	*i.*	zazkezie	dozkezie	drozkezei
	3	*i.*	zazkete	dozkeye	drozkei
		m.	šazketek	diozkeyek	drozkeik
		f.	šazkene	diozkeyen	drozkein
		r.	—	diozkezie	drozkezei
Potentiel *Conditionnel* il les pourrait	S. 1	*i.*	nezazke	nozke	nozke
		m.	nezazkek	niozkek	nozkek
		f.	nezazken	niozken	nozken
		r.	—	niozkezu	nozkezu
	2	*r.*	zindezazke	zinozke	zinozke
		m.f.	yezazke	ozke	yozke
	3	*i.*	lezazke	lozke	lozke
		m.	lezazkek	liozkek	lozkek
		f.	lezazken	liozken	lozken
		r.	—	liozkezu	lozkezu
	P. 1	*i.*	gindezazke	ginozke	ginozke
		m.	gindezazkek	giniozkek	ginozkek
		f.	gindezazken	giniozken	ginozken
		r.	—	giniozkezu	ginozkezu
	2	*i.*	zindezazkete	zinozkeye	zinozkei
	3	*i.*	lezazkete	lozkeye	lozkei
		m.	lezazketek	liozkeyek	lozkeik
		f.	lezazkene	liozkeyen	lozkein
		r.	—	liozkezie	lozkezei
Potentiel *Passé* il les pouvait	S. 1	*i.*	nuzke	nozken	nozkian
		m.	nizketa	niozkekan	nozkia
		f.	nizkena	niozkenan	nozkia
		r.	—	niozkezun	nozkezun
	2	*r.*	zinduzke	zinozken	zinozkian
		m.f.	yuzke	ozken	yozkian
	3	*i.*	zuzke	zozken	zozkian
		m.	zizketa	ziozkekan	zozkia
		f.	zizkena	ziozkenan	zozkia
		r.	—	ziozkezun	zozkezun
	P. 1	*i.*	ginduzke	ginozken	ginozkian
		m.	gindizketa	giniozkekan	ginozkia
		f.	gindizkena	giniozkenan	ginozkia
		r.	—	giniozkezun	ginozkezun
	2	*i.*	zinduzkete	zinozkeyen	zinozkiein
	3	*i.*	zuzkete	zozkeyen	zozkiein
		m.	zizketea	ziozkeyekan	zozkieya
		f.	zizketena	ziozkeyenan	zozkieya
		r.	—	ziozkezien	zozkezein

Potentiel Présent — Salazarais: *pot. quant au sens, et futur quant au sens et quant à la forme.* Roncalais: *pot. quant au sens et quant à la forme, et futur quant au sens.*

Potentiel Conditionnel — Salazarais: *emprunté au conditionnel.* Roncalais: *emprunté au conditionnel.*

Potentiel Passé — Aezcoan: *emprunté au conditionnel.* Salazarais: *emprunté au conditionnel.* Roncalais: *emprunté au conditionnel.*

VOIX TRANSITIVE—il moi.

			Aezcoan.	*Salazarais.*	*Roncalais.*
INDICATIF *Présent* il m'a	S. 2	r.	nuzu	nizu	nuzu
		m.	nuk	nuk	nuk
		f.	nun	nun	nun
	3	i.	nu	nu	nu
		m.	nik	nik	nik
		f.	nin	nin	nin
		r.	—	nizu	nizu
	P. 2	i.	nuzie	nizie	nuzei
	3	i.	nute	nie	nei
		m.	nie	nie	neik
		f.	nine	nine	nein
		r.	—	nizie	nizei
INDICATIF *Passé* il m' avait	S. 2	r.	ninduzu	nintzazun	nuntzun
		m.	ninduta	nintzakan	nundiua
		f.	ninduna	nintzanan	nundiua
	3	i.	nindue	nintzan	nindion
		m.	nindita	nintzakan	nindia
		f.	nindina	nintzanan	nindia
		r.	—	nintzazun	nindizun
	P. 2	i.	ninduzie	nintzazien	nuntzein
	3	i.	nindute	nintzayen	nindein
		m.	ninditeta	nintzayekan	nindeya
		f.	ninditena	nintzayenan	nindeya
		r.	—	nintzazien	nindezein
SUPPOSITIF *Présent* s'il m'avait	S. 2	r.	baninduzu	banintzazu	banuntzu
		m.	baninduk	banintzak	banundiua
		f.	banindun	banintzan	banundiua
	3	i.	banindu	banintza	banundu
	P. 2	i.	baninduzie	banintzazio	banuntzei
	3	i.	banindute	banintzaye	banundei
CONDITIONNEL *Présent* il m'aurait	S. 2	r.	nindukezu	nindokezu	nindokezu
		m.	nindukek	nindokek	nindokek
		f.	ninduken	nindoken	nindoken
	3	i.	ninduke	nindoke	nindoke
		m.	nindikek	nindiokek	nindokek
		f.	nindiken	nindioken	nindoken
		r.	—	nindiokezu	nindokezu
	P. 2	i.	nindukezie	nindokezie	nindokezei
	3	i.	nindukete	nindokeye	nindokei
		m.	nindiketek	nindiokeyek	nindokeik
		f.	nindikene	nindiokeyen	nindokein
		r.	—	nindiokezie	nindokezei
CONDITIONNEL *Passé* il m'aurait eu	S. 2	r.	nindukezu	nindokezun	nindokezun
		m.	ninkukea	nindokekan	nindokia
		f.	nindukena	nindokenan	nindokia
	3	i.	ninduke	nindoken	nindokian
		m.	nindikea	nindiokekan	nindokia
		f.	nindikena	nindiokenan	nindokia
		r.	—	nindiokezun	nindokezun
	P. 2	i.	nindukezie	nindokezien	nindokezein
	3	i.	nindukete	nindokeyen	nindokiein
		m.	nindiketea	nindiokeyekan	nindokieya
		f.	nindiketena	nindiokeyenan	nindokieya
		r.	—	nindiokezien	nindokezein

			Aezcoan.	*Salazarais.*	*Roncalais.*
IMPÉRATIF *Présent* m'ait-il	S. 2	r.	naztazu	nazazu	naztazu
		m.	naztak	nazak	naztak
		f.	naztan	nazan	naztan
	3	i.	benazta	—	benazta
	P. 2	i.	naztazie	nazazio	naztazei
	3	i.	benaztate	—	benaztei
SUBJONCTIF *Présent* qu'il m'ait	S. 2	r.	naztazun	nazazun	naztazun
		m.	naztakan	nazakan	naztayan
		f.	naztanan	nazanan	naztayan
	3	i.	naztan	nazan	naztan
	P. 2	i.	naztazien	nazazien	naztazein
	3	i.	naztaten	nazayen	naztein
SUBJONCTIF *Passé* qu'il m'eût	S. 2	r.	nindezazun	nenzazun	nintzazun
		m.	nindezakan	nenzakan	nintzayan
		f.	nindezanan	nenzanan	nintzayan
	3	i.	nindezan	nenzan	nintzan
	P. 2	i.	nindezazien	nenzazien	nintzazein
	3	i.	nindezaten	nenzayen	nintzein
SUPPOSITIF *Futur* s'il m'avait	S. 2	r.	banindezazu	banenzazu	banintzazu
		m.	banindezak	banenzak	banintzak
		f.	banindezan	banenzan	banintzan
	3	i.	banindeza	banenza	banintza
	P. 2	i.	banindezazie	banenzazie	banintzazei
	3	i.	banindezate	banenzaye	banintzei
POTENTIEL *Présent* il me peut	S. 2	r.	nukezu	nokezu	nrokezu
		m.	nukek	nokek	nrokek
		f.	nuken	noken	nroken
	3	i.	nuke	noke	nroke
		m.	nikek	niokek	nrokek
		f.	niken	nioken	nroken
		r.	—	niokezu	nrokezu
	P. 2	i.	nukezie	nokezie	nrokezei
	3	i.	nukete	nokeye	nrokei
		m.	niketek	niokeyek	nrokeik
		f.	nikene	niokeyen	nrokein
		r.	—	niokezie	nrokezei
			fut. pour la forme, pot. pour le sens.	*futur et potentiel.*	*potentiel et futur*
POTENTIEL *Conditionnel* il me pourrait	S. 2	r.	nindezakezu	nindokezu	nindokezu
		m.	nindezakek	nindokek	nindokek
		f.	nindezaken	nindoken	nindoken
	3	i.	nindezake	nindoke	nindoke
		m.	nindezakek	nindiokek	nindokek
		f.	nindezaken	nindioken	nindoken
		r.	—	nindiokezu	nindokezu
	P. 2	i.	nindezakezie	nindokezie	nindokezei
	3	i.	nindezakete	nindokeye	nindokei
		m.	nindezaketek	nindiokeyek	nindokeik
		f.	nindezakene	nindiokeyen	nindokein
		r.	—	nindiokezie	nindokezei
				emprunté au conditionnel.	*emprunté au conditionnel.*
POTENTIEL *Passé* il me pouvait	S. 2	r.	nindukezu	nindokezun	nindokezun
		m.	nindukea	nindokekan	nindokia
		f.	nindukena	nindokenan	nindokia
	3	i.	ninduke	nindoken	nindokian
		m.	nindikea	nindiokekan	nindokia
		f.	nindikena	nindiokenan	nindokia
		r.	—	nindiokezun	nindokezun
	P. 2	i.	nindukezie	nindokezien	nindokezein
	3	i.	nindukete	nindokeyen	nindokiein
		m.	nindiketea	nindiokeyekan	nindokieya
		f.	nindiketena	nindiokeyenan	nindokieya
		r.	—	nindiokezien	nindokezein
			emprunté au conditionnel.	*emprunté au conditionnel.*	*emprunté au conditionnel.*

VOIX TRANSITIVE—il nous.

Mode	Pers.		*Aezcoan.*	*Salazarais.*	*Roncalais.*
INDICATIF *Présent* il nous a	S. 2	*r.*	gituzu	gitzu	gutzu
		m.	gituk	gituk	gutuk
		f.	gitun	gitun	gutun
	3	*i.*	gitu	gitu	gutu
		m.	gitik	gitik	gitik
		f.	gitin	gitin	gitin
		r.	—	gitzu	gitzu
	P. 2	*i.*	gituzie	gitzie	gutzei
	3	*i.*	gituzte	gitie	gutei
		m.	gitie	gitie	guteik
		f.	gitine	gitine	gutein
		r.	—	gitzie	gitzei
INDICATIF *Passé* il nous avait	S. 2	*r.*	ginduzu	gintzazun	guntzun
		m.	ginduta	gintzakan	guntiua
		f.	ginduna	gintzanan	guntiua
	3	*i.*	gindue	gintzan	gintion
		m.	gindita	gintzakan	gintia
		f.	gindina	gintzanan	gintia
		r.	—	gintzazun	gintizun
	P. 2	*i.*	ginduzie	gintzazien	guntzein
	3	*i.*	ginduzte	gintzayen	gintein
		m.	gindizteta	gintzayekan	ginteya
		f.	gindiztena	gintzayenan	ginteya
		r.	—	gintzazien	gintezein
SUPPOSITIF *Présent* s'il nous avait	S. 2	*r.*	baginduzu	bagintzazu	baguntzu
		m.	baginduk	bagintzak	baguntiua
		f.	bagindun	bagintzan	baguntiua
	3	*i.*	bagindu	bagintza	baguntu
	P. 2	*i.*	baginduzie	bagintzazie	baguntzei
	3	*i.*	baginduzte	bagintzaye	baguntei
CONDITIONNEL *Présent* il nous aurait	S. 2	*r.*	ginduzkezu	gindokezu	gindokezu
		m.	ginduzkek	gindokek	gindokek
		f.	ginduzken	gindoken	gindoken
	3	*i.*	ginduzke	gindoke	gindoke
		m.	gindizkek	gindiokek	gindokek
		f.	gindizken	gindioken	gindoken
		r.	—	gindiokezu	gindokezu
	P. 2	*i.*	ginduzkezie	gindokezie	gindokezei
	3	*i.*	ginduzkete	gindokeye	gindokei
		m.	gindizketek	gindiokeyek	gindokeik
		f.	gindizkene	gindiokeyen	gindokein
		r.	—	gindiokezie	gindokezei
CONDITIONNEL *Passé* il nous aurait eus	S. 2	*r.*	ginduzkezu	gindokezun	gindokezun
		m.	ginduzkea	gindokekan	gindokia
		f.	ginduzkena	gindokenan	gindokia
	3	*i.*	ginduzke	gindoken	gindokian
		m.	gindizkea	giñdiokekan	gindokia
		f.	gindizkena	gindiokenan	gindokia
		r.	—	gindiokezun	gindokezun
	P. 2	*i.*	ginduzkezie	gindokezien	gindokezein
	3	*i.*	ginduzkete	gindokeyen	gindokiein
		m.	gindizketea	gindiokeyekan	gindokieya
		f.	gindizketena	gindiokeyenan	gindokieya
		r.	—	gindiokezien	gindokezein

Mode	Pers.		*Aezcoan.*	*Salazarais.*	*Roncalais.*
IMPÉRATIF *Présent* nous ait-il	S. 2	*r.*	gitzazu	gitzazu	gitzazu
		m.	gitzak	gitzak	gitzak
		f.	gitzan	gitzan	gitzan
	3	*i.*	begitza	—	begitza
	P. 2	*i.*	gitzazie	gitzazie	gitzazei
	3	*i.*	begitzate	—	begitzei
SUBJONCTIF *Présent* qu'il nous ait	S. 2	*r.*	gitzazun	gitzazun	gitzazun
		m.	gitzakan	gitzakan	gitzayan
		f.	gitzanan	gitzanan	gitzayan
	3	*i.*	gitzan	gitzan	gitzan
	P. 2	*i.*	gitzazien	gitzazien	gitzazein
	3	*i.*	gitzaten	gitzayen	gitzein
SUBJONCTIF *Passé* qu'il nous eût	S. 2	*r.*	gindezazun	gintzazun	gintzazun
		m.	gindezakan	gintzakan	gintzayan
		f.	gindezanan	gintzanan	gintzayan
	3	*i.*	gindezan	gintzan	gintzan
	P. 2	*i.*	gindezazien	gintzazien	gintzazein
	3	*i.*	gindezaten	gintzayen	gintzein
SUPPOSITIF *Futur* s'il nous avait	S. 2	*r.*	bagindezazu	bagintzazu	bagintzazu
		m.	bagindezak	bagintzak	bagintzak
		f.	bagindezan	bagintzan	bagintzan
	3	*i.*	bagindeza	bagintza	bagintza
	P. 2	*i.*	bagindezazie	bagintzazie	bagintzazei
	3	*i.*	bagindezate	bagintzaye	bagintzei
POTENTIEL *Présent* il nous peut	S. 2	*r.*	gituzkezu	ginozkezu	gitzakezu
		m.	gituzkek	ginozkek	gitzakek
		f.	gituzken	ginozken	gitzaken
	3	*i.*	gituzke	ginozke	gitzake
		m.	gitizkek	giniozkek	gitzakek
		f.	gitizken	giniozken	gitzaken
		r.	—	giniozkezu	gitzakezu
	P. 2	*i.*	gituzkezie	ginozkezie	gitzakezei
	3	*i.*	gituzkete	ginozkeye	gitzakei
		m.	gitizketek	giniozkeyek	gitzakeik
		f.	gitizkene	giniozkeyen	gitzakein
		r.	—	giniozkezie	gitzakezei
			fut. pour la forme, pot. pour le sens.	*futur et potentiel.*	*potentiel et futur.*
POTENTIEL *Conditionnel* il nous pourrait	S. 2	*r.*	gindezakezu	gindokezu	gindokezu
		m.	gindezakek	gindokek	gindokek
		f.	gindezaken	gindoken	gindoken
	3	*i.*	gindezake	gindoke	gindoke
		m.	gindezakek	gindiokek	gindokek
		f.	gindezaken	gindioken	gindoken
		r.	—	gindiokezu	gindokezu
	P. 2	*i.*	gindezakezie	gindokezie	gindokezei
	3	*i.*	gindezakete	gindokeye	gindokei
		m.	gindezaketek	gindiokeyek	gindokeik
		f.	gindezakene	gindiokeyen	gindokein
		r.	—	gindiokezie	gindokezei
				emprunté au conditionnel.	*emprunté au conditionnel.*
POTENTIEL *Passé* il nous pouvait	S. 2	*r.*	ginduzkezu	gindokezun	gindokezun
		m.	ginduzkea	gindokekan	gindokia
		f.	ginduzkena	gindokenan	gindokia
	3	*i.*	ginduzke	gindoken	gindokian
		m.	gindizkea	gindiokekan	gindokia
		f.	gindizkena	gindiokenan	gindokia
		r.	—	gindiokezun	gindokezun
	P. 2	*i.*	ginduzkezie	gindokezien	gindokezein
	3	*i.*	ginduzkete	gindokeyen	gindokiein
		m.	gindizketea	gindiokeyekan	gindokieya
		f.	gindizketena	gindiokeyenan	gindokieya
		r.	—	gindiokezien	gindokezein
			emprunté au conditionnel.	*emprunté au conditionnel.*	*emprunté au conditionnel.*

VOIX TRANSITIVE—il toi.

Mode	Personne	*Aezcoan.*	*Salazarais.*	*Roncalais.*
INDICATIF *Présent* il t'a	S. 1 *r.*	zitut	ztut	ztuđ
	m.f.	yut	ut	yaiđ
	3 *r.*	zitu	ztu	ztu
	m.f.	yu	u	yai
	P. 1 *r.*	zitugu	ztugu	ztugu
	m.f.	yugu	ugu	yaigu
	3 *r.*	zituzte	ztie	ztei
	m.f.	yute	ie	yei
INDICATIF *Passé* il t'avait	S. 1 *r.*	zinduzta	zintzatan	zuntudan
	m.f.	yinduda	intzatan	yindudan
	3 *r.*	zinduze	zintzan	zuntion
	m.f.	yindue	intzan	yindion
	P. 1 *r.*	zindugu	zintzagun	zuntugun
	m.f.	yindugu	intzagun	yindugun
	3 *r.*	zinduzte	zintzayen	zuntein
	m.f.	yindute	intzayen	yindein
SUPPOSITIF *Présent* s'il t'avait	S. 1 *r.*	bazinduzt	bazintzata	bazuntuđ
	m.f.	bayindut	baintzata	bayinduđ
	3 *r.*	bazinduze	bazintza	bazuntu
	m.f.	bayindue	baintza	bayindu
	P. 1 *r.*	bazindugu	bazintzagu	bazuntugu
	m.f.	bayindugu	baintzagu	bayindugu
	3 *r.*	bazinduzte	bazintzaye	bazuntei
	m.f.	bayindute	baintzaye	bayindei
CONDITIONNEL *Présent* il t'aurait	S. 1 *r.*	zinduzket	zinozket	zinozkeđ
	m.f.	yinduket	oket	yokeđ
	3 *r*	zinduzke	zinozke	zinozke
	m.f.	yinduke	oke	yoke
	P. 1 *r.*	zinduzkegu	zinozkegu	zinozkegu
	m.f.	yindukegu	okegu	yokegu
	3 *r.*	zinduzkete	zinozkeye	zinozkei
	m.f.	yindukete	okeye	yokei
CONDITIONNEL *Passé* il t'aurait eu	S. 1 *r.*	zinduzkeda	zinozketan	zinozkedan
	m.f.	yindukeda	oketan	yokedan
	3 *r.*	zinduzke	zinozken	zinozkian
	m.f	yinduke	oken	yokian
	P. 1 *r.*	zinduzkegu	zinozkegun	zinozkegun
	m.f.	yindukegu	okegun	yokegun
	3 *r.*	zinduzkete	zinozkeyen	zinozkiein
	m.f.	yindukete	okeyen	yokiein
SUBJONCTIF *Présent* qu'il t'ait	S. 1 *r.*	zitzadan	zitzatan	zitzaidan
	m.f.	yitzadan	itzatan	yitzaidan
	3 *r.*	zitzan	zitzan	zitzan
	m.f.	yitzan	itzan	yitzan
	P. 1 *r.*	zitzagun	zitzagun	zitzaigun
	m.f.	yitzagun	itzagun	yitzaigun
	3 *r.*	zitzaten	zitzayen	zitzein
	m.f.	yitzaten	itzayen	yitzein

Mode	Personne	*Aezcoan.*	Note	*Salazarais.*	Note	*Roncalais.*	Note
SUBJONCTIF *Passé* qu'il t'eût	S. 1 *r.*	zindezadan		zintzatan		zintzadan	
	m.f.	yindezadan		intzatan		yintzadan	
	3 *r.*	zindezan		zintzan		zintzan	
	m.f.	yindezan		intzan		yintzan	
	P. 1 *r.*	zindezagun		zintzagun		zintzagun	
	m.f.	yindezagun		intzagun		yintzagun	
	3 *r.*	zindezaten		zintzayen		zintzein	
	m.f.	yindezaten		intzayen		yintzein	
SUPPOSITIF *Futur* s'il t'avait	S. 1 *r.*	bazindezada		bazintzata		bazintzada	
	m.f.	bayindezada		baintzata		bayintzada	
	3 *r.*	bazindeza		bazintza		baziutza	
	m.f.	bayindeza		baintza		bayintza	
	P. 1 *r.*	bazindezagu		bazintzagu		bazintzagu	
	m.f.	bayindezagu		baintzagu		bayintzagu	
	3 *r.*	bazindezate		bazintzaye		bazintzei	
	m.f.	bayindezate		baintzaye		bayintzei	
POTENTIEL *Présent* il te peut	S. 1 *r.*	zituzket	*fut. pour la forme, pol. pour le sens.*	zozket	*futur et potentiel.*	zrozkeđ	*potentiel et futur.*
	m.f.	yuket		oket		yokeđ	
	3 *r.*	zituzke		zozke		zrozke	
	m.f.	yuke		oke		yoke	
	P. 1 *r.*	zituzkegu		zozkegu		zrozkegu	
	m.f.	yukegu		okegu		yokegu	
	3 *r.*	zituzkete		zozkeye		zrozkei	
	m.f.	yukete		okeye		yokei	
POTENTIEL *Conditionnel* il te pourrait	S. 1 *r.*	zindezaket		zinozket	*emprunté au conditionnel.*	zinozkeđ	*emprunté au conditionnel.*
	m.f.	yindezaket		oket		yokeđ	
	3 *r.*	zindezake		zinozke		zinozke	
	m.f.	yindezake		oke		yoke	
	P. 1 *r.*	zindezakegu		zinozkegu		zinozkegu	
	m.f.	yindezakegu		okegu		yokegu	
	3 *r.*	zindezakete		zinozkeye		zinozkei	
	m.f.	yindezakete		okeye		yokei	
POTENTIEL *Passé* il te pouvait	S. 1 *r.*	zinduzkeda	*emprunté au conditionnel.*	zinozketan	*emprunté au conditionnel.*	zinozkedan	*emprunté au conditionnel.*
	m.f.	yindukeda		oketan		yokedan	
	3 *r.*	zinduzke		zinozken		zinozkian	
	m.f.	yinduke		oken		yokian	
	P. 1 *r.*	zinduzkegu		zinozkegun		zinozkegun	
	m.f.	yindukegu		okegun		yokegun	
	3 *r.*	zinduzkete		zinozkeyen		zinozkiein	
	m.f.	yindukete		okeyen		yokiein	

VOIX TRANSITIVE—il vous.

			Aezcoan.	Salazarais.	Roncalais.
INDICATIF *Présent* il vous a	S.	1	zituztet	ztiet	zteiđ
		3	zituzte	ztie	ztei
	P.	1	zituztegu	ztiegu	zteigu
		3	zituzte	ztie	ztei
INDICATIF *Passé* il vous avait	S.	1	zinduztate	zintzatayen	zuntudein
		3	zinduzte	zintzayen	zuntein
	P.	1	zinduguzte	zintzaguyen	zuntugein
		3	zinduzte	zintzayen	zuntein
SUPPOSITIF *Présent* s'il vous avait	S.	1	bazinduztet	bazintzataye	bazunteiđ
		3	bazinduzte	bazintzaye	bazuntei
	P.	1	bazinduguzte	bazintzaguye	bazuntugei
		3	bazinduzte	bazintzaye	bazuntei
CONDITIONNEL *Présent* il vous aurait	S.	1	zinduzketet	zinozkeyet	zinozkeiđ
		3	zinduzkete	zinozkeye	zinozkei
	P.	1	zinduzkegute	zinozkeguye	zinozkegei
		3	zinduzkete	zinozkeye	zinozkei
CONDITIONNEL *Passé* il vous aurait eus	S.	1	zinduzkedate	zinozkeyetan	zinozkeidan
		3	zinduzkete	zinozkeyen	zinozkiein
	P.	1	zinduzkegute	zinozkeguyen	zinozkegein
		3	zinduzkete	zinozkeyen	zinozkiein
SUBJONCTIF *Présent* qu'il vous ait	S.	1	zitzadaten	zitzatayen	zitzaidein
		3	zitzaten	zitzayen	zitzein
	P.	1	zitzaguten	zitzaguyen	zitzaigein
		3	zitzaten	zitzayen	zitzein
SUBJONCTIF *Passé* qu'il vous eût	S.	1	zindezadaten	zintzayetan	zintzadein
		3	zindezaten	zintzayen	zintzein
	P.	1	zindezaguten	zintzaguyen	zintzagein
		3	zindezaten	zintzayen	zintzein
SUPPOSITIF *Futur* s'il vous avait	S.	1	bazindezadate	bazintzataye	bazintzadei
		3	bazindezate	bazintzaye	bazintzei
	P.	1	bazindezagute	bazintzaguye	bazintzagei
		3	bazindezate	bazintzaye	bazintzei
POTENTIEL *Présent* il vous peut	S.	1	zituzketet[1]	zozkeyet[2]	zrozkeiđ[3]
		3	zituzkete	zozkeye	zrozkei
	P.	1	zituzkegute	zozkeguye	zrozkegei
		3	zituzkete	zozkeye	zrozkei
POTENTIEL *Conditionnel* il vous pourrait	S.	1	zindezaketet	zinozkeyet[4]	zinozkeiđ[4]
		3	zindezakete	zinozkeye	zinozkei
	P.	1	zindezakegute	zinozkeguye	zinozkegei
		3	zindezakete	zinozkeye	zinozkei
POTENTIEL *Passé* il vous pouvait	S.	1	zinduzkedate[4]	zinozkeyetan[4]	zinozkeidan[4]
		3	zinduzkete	zinozkeyen	zinozkiein
	P.	1	zinduzkegute	zinozkeguyen	zinozkegein
		3	zinduzkete	zinozkeyen	zinozkiein

[1] *futur pour la forme, potentiel pour le sens.* [2] *futur et potentiel.* [3] *potentiel et futur.* [4] *emprunté au conditionnel.*

Mode	Pers.		*Aezcoan.*	*Salazarais.*	*Roncalais.*	*Aezcoan.*	*Salazarais.*	*Roncalais.*
INDICATIF *Présent* il le lui a	S. 1	*i.*	dakot	dakot	dauď	dazkiot	dazkot	dazkaď
		m.	šakotat	diakoat	daudak	šazkiotat	diazkoat	dazkadak
		f.	šakonat	diakonat	daudan	šazkionat	diazkonat	dazkadan
		r.	—	diakozut	dauzuď	—	diazkozut	dazkazuď
	2	*r.*	dakozu	dakozu	dauzu	dazkiozu	dazkozu	dazkazu
		m.	dakok	dakok	dauk	dazkiok	dazkok	dazkak
		f.	dakon	dakon	daun	dazkion	dazkon	dazkan
	3	*i.*	dako	dako	dau	dazkio	dazko	dazka
		m.	šakok	diakok	dauk	šazkiok	diazkok	dazkak
		f.	šakon	diakon	daun	šazkion	diazkon	dazkan
		r.	—	diakozu	dauzu	—	diazkozu	dazkazu
	P. 1	*i.*	dakogu	dakogu	dagu	dazkiogu	dazkogu	dazkagu
		m.	šakotagu	diakoagu	daguk	šazkiotagu	diazkoagu	dazkaguk
		f.	šakonagu	diakonagu	dagun	šazkionagu	diazkonagu	dazkagun
		r.	—	diakozugu	daguzu	—	diazkozugu	dazkaguzu
	2	*i.*	dakozie	dakozie	dauzei	dazkiozie	dazkozie	dazkazei
	3	*i.*	dakote	dakoye	dabei	dazkiote	dazkoye	dazkabei
		m.	šakotek	diakoyek	dabeik	šazkiotek	diazkoyek	dazkabeik
		f.	šakone	diakoyen	dabein	šazkione	diazkoyen	dazkabein
		r.	—	diakozie	dauzei	—	diazkozie	dazkauzei
INDICATIF *Passé* il le lui avait	S. 1	*i.*	nako	nakon	naun	nazkio	nazkon	nazkaun
		m.	ñakota	niakokan	naba	ñazkiota	niazkokan	nazkaba
		f.	ñakona	niakonan	naba	ñazkiona	niazkonan	nazkaba
		r.	—	niakozun	nauzun	—	niazkozun	nazkauzun
	2	*r.*	zindako	zinakon	zinaun	zindazkio	zinazkon	zinazkaun
		m.f.	yako	akon	yaun	yazkio	azkon	yazkaun
	3	*i.*	zako	zakon	zaun	zazkio	zazkon	zazkaun
		m.	šakota	ziakokan	zaba	šazkiota	ziazkokan	zazkaba
		f.	šakona	ziakonan	zaba	šazkiona	ziazkonan	zazkaba
		r.	—	ziakozun	zauzun	—	ziazkozun	zazkauzun
	P. 1	*i.*	gindako	ginakon	ginaun	gindazkio	ginazkon	ginazkaun
		m.	gindakota	giniakokan	ginaba	gindazkiota	giniazkokan	ginazkaba
		f.	gindakona	giniakonan	ginaba	gindazkiona	giniazkonan	ginazkaba
		r.	—	giniakozun	ginauzun	—	giniazkozun	ginazkauzun
	2	*i.*	zindakote	zinakoyen	zinabein	zindazkiote	zinazkoyen	zinazkabein
	3	*i.*	zakote	zakoyen	zabein	zazkiote	zazkoyen	zazkabein
		m.	šakoteta	ziakoyekan	zabeya	šazkioteta	ziazkoyekan	zazkabeya
		f.	šakotena	ziakoyenan	zabeya	šazkiotena	ziazkoyenan	zezkabeya
		r.	—	ziakozien	zauzein	—	ziazkozien	zazkauzein
SUPPOSITIF *Présent* s'il le lui avait	S. 1	*i.*	banako	banako	banau	banazkio	banazko	banazka
	2	*r.*	bazindako	bazinako	bazinau	bazindazkio	bazinazko	bazinazka
		m.f.	bayako	bayako	bayau	bayazkio	bayazko	bayazka
	3	*i.*	balako	balako	balau	balazkio	balazko	balazka
	P. 1	*i.*	bagindako	baginako	baginau	bagindazkio	baginazko	baginazka
	2	*i.*	bazindakote	bazinakoye	bazinabei	bazindazkiote	bazinazkoye	bazinazkei
	3	*i.*	balakote	balakoye	balabei	balazkiote	balazkoye	balazkei
IMPÉRATIF *Présent* le lui ait-il	S. 2	*r.*	dazozu	dazozu	dazazu	dazkiozu	dazkozu	dazkazu
		m.	dazok	dazok	dazak	dazkiok	dazkok	dazkak
		f.	dazon	dazon	dazan	dazkion	dazkon	dazkan
	3	*i.*	bezo	—	bezau	bezkio	—	bezkau
	P. 2	*i.*	dazozie	dazozie	dazazei	dazkiozie	dazkozie	dazkazei
	3	*i.*	bezote	—	bezabei	bezkiote	—	bezkabei
SUBJONCTIF *Présent* qu'il le lui ait	S. 1	*i.*	dazodan	dazotan	dazaudan	dazkiodan	dazkotan	dazkadan
	2	*r.*	dazozun	dazozun	dazazun	dazkiozun	dazkozun	dazkazun
		m.	dazokan	dazokan	dazayan	dazkiokan	dazkokan	dazkayan
		f.	dazonan	dazonan	dazayan	dazkionan	dazkonan	dazkayan
	3	*i.*	dazon	dazon	dazaun	dazkion	dazkon	dazkaun
	P. 1	*i.*	dazogun	dazogun	dazagun	dazkiogun	dazkogun	dazkagun
	2	*i.*	dazozien	dazozien	dazazein	dazkiozien	dazkozien	dazkazein
	3	*i.*	dazoten	dazoyen	dazabein	dazkioten	dazkoyen	dazkabein
SUBJONCTIF *Passé* qu'il le lui eût	S. 1	*i.*	nezon	nazon	nezaun	nezkion	nazkon	nezkaun
	2	*r.*	zindezon	zinazon	zinezaun	zindezkion	zinazkon	zinezkaun
		m.f.	yezon	azon	yezaun	yezkion	azkon	yezkaun
	3	*i.*	zezon	zazon	lezaun	žezkion	zazkon	lezkaun
	P. 1	*i.*	gindezon	ginazon	ginezaun	gindezkion	ginazkon	ginezkaun
	2	*i.*	zindezoten	zinazoyen	zinezabein	zindezkioten	zinazkoyen	zinezkabein
	3	*i.*	zezoten	zazoyen	lezabein	zezkioten	zazkoyen	lezkabein
SUPPOSITIF *Futur* s'il le lui avait	S. 1	*i.*	banezo	banazo	banezau	banezkio	banazko	banezkau
	2	*r.*	bazindezo	bazinazo	bazinezau	bazindezkio	bazinazko	bazinezkau
		m.f.	bayezo	bayazo	bayezau	bayezkio	bayazko	bayezkau
	3	*i.*	balezo	balazo	balezau	balezkio	balazko	balezkau
	P. 1	*i.*	bagindezo	baginazo	baginezau	bagindezkio	baginazko	baginezkau
	2	*i.*	dazindezote	bazinazoye	bazinezabei	bazindezkiote	bazinazkoye	bazinezkabei
	3	*i.*	balezote	balazoye	balezabei	balezkiote	balazkoye	balezkabei

il le leur—VOIX TRANSITIVE—il les leur.

Mode	Personne		*Azecoan.*	*Salazarais.*	*Roncalais.*	*Aezcoan.*	*Salazarais.*	*Roncalais.*
INDICATIF *Présent* il le leur a	S. 1	*i.*	dayet	dabet	dabeid	daiztet	dauztet	dazkabeid
		m.	šayetat	diabeat	dabeidak	šaiztetat	diauzteat	dazkabeidak
		f.	šayenat	diabenat	dabeidan	šaiztenat	diauztenat	dazkabeidan
		r.	—	diabezut	dabeizud	—	diauztezut	dazkabeizud
	2	*r.*	dayezu	dabezu	dauzei	daiztezu	dauztezu	dazkauzei
		m.	dayek	dabek	dabeik	daiztek	dauztek	dazkabeik
		f.	dayen	dabeu	dabein	daizten	dauzten	dazkabein
	3	*i.*	daye	dabe	dabei	daizte	dauzte	dazkabei
		m.	šayek	diabek	dabeik	šaiztek	diauztek	dazkabeik
		f.	šayen	diaben	dabein	šaizten	diauzten	dazkabein
		r.	—	diabezu	dauzei	—	diauztezu	dazkauzei
	P. 1	*i.*	dayegu	dabegu	daguei	daiztegu	dauztegu	dazkaguei
		m.	šayetagu	diabeagu	dagueik	šaiztetagu	diauzteagu	dazkagueik
		f.	šayenagu	diabenagu	daguein	šaiztenagu	diauztenagu	dazkaguein
		r.	—	diabezugu	daguzei	—	diauztezugu	dazkaguzei
	2	*i.*	dayezie	dabezie	dauzei	daiztezie	dauztezie	dazkauzei
	3	*i.*	dayete	dabe	dabei	daizte	dauzte	dazkabei
		m.	šayetek	diabek	dabeik	šaiztek	diauztek	dazkabeik
		f.	šayene	diaben	dabein	šaiztene	diauzten	dazkabein
		r.	—	diabezu	dauzei	—	diauztezu	dazkauzei
INDICATIF *Passé* il le leur avait	S. 1	*i.*	naye	naben	nabein	naizte	nazten	nazkabein
		m.	ñayeta	niabekan	nabeya	ñaizteta	niaztekan	nazkabeya
		f.	ñayena	niabenan	nabeya	ñaiztena	niaztenan	nazkabeya
		r.	—	niabezun	nauzein	—	niaztezun	nazkauzein
	2	*r.*	zindaye	zinaben	zinabein	zindaizte	zinazten	zinazkabein
		m.f.	yaye	aben	yabein	yaizte	azten	yazkabein
	3	*i.*	zaye	zaben	zabein	zaizte	zazten	zazkabein
		m.	šayeta	ziabekan	zabeya	šaizteta	ziaztekan	zazkabeya
		f.	šayena	ziabenan	zabeya	šaiztena	ziaztenan	zazkabeya
		r.	—	ziabezun	zauzein	—	ziaztezun	zazkauzein
	P. 1	*i.*	gindaye	ginaben	ginabein	gindaizte	ginazten	ginazkabein
		m.	gindayeta	giniabekan	ginabeya	gindaizteta	giniaztekan	ginazkabeya
		f.	gindayena	giniabenan	ginabeya	gindaiztena	giniaztenan	ginazkabeya
		r.	—	giniabezun	ginauzein	—	giniaztezun	ginazkauzein
	2	*i.*	zindayete	zinaben	zinabein	zindaizte	zinazten	zinazkabein
	3	*i.*	zayete	zaben	zabein	zaizte	zazten	zazkabein
		m.	šayeteta	ziabekan	zabeya	šaizteta	ziaztekan	zazkabeya
		f.	šayetena	zinbenan	zabeya	šaiztena	ziaztenan	zazkabeya
		r.	—	ziabezun	zauzein	—	ziaztezun	zazkauzein
SUPPOSITIF *Présent* s'il le leur avait	S. 1	*i.*	banaye	banabe	banabei	banaizte	banazte	banazkei
	2	*r.*	bazindaye	bazinabe	bazinabei	bazindaizte	bazinazte	bazinazkei
		m.f.	bayaye	bayabe	bayabei	bayaizte	bayazte	bayazkei
	3	*i.*	balaye	balabe	balabei	balaizte	balazte	balazkei
	P. 1	*i.*	bagindaye	baginabe	baginabei	bagindaizte	baginazte	baginazkei
	2	*i.*	bazindayete	bazinabe	bazinabei	bazindaizte	bazinazte	bazinazkei
	3	*i.*	balayete	balabe	balabei	balaizte	balazte	balazkei
IMPÉRATIF *Présent* le leur ait-il	S. 2	*r.*	dazezu	dazezu	dazauzei	daiztezu	daztezu	dazkazei
		m.	dazek	dazek	dazeik	daiztek	daztek	dazkeik
		f.	dazen	dazen	dazein	daizten	dazten	dazkein
	3	*i.*	bezo	—	bezabei	bezkie	—	bezkabei
	P. 2	*i.*	dazezie	dazezie	dazauzei	daiztezie	daztezie	dazkazei
	3	*i.*	bezete	—	bezabei	bezkiete	—	bezkabei
SUBJONCTIF *Présent* qu'il le leur ait	S. 1	*i.*	dazodan	dazetan	dazabeidan	daiztedan	daztetan	dazkeidan
	2	*r.*	dazezun	dazezun	dazauzein	daiztezun	daztezun	dazkazein
		m.	dazekan	dazekan	dazabeyan	daiztekan	daztekan	dazkeyan
		f.	dazenan	dazenan	dazabeyan	daiztenan	daztenan	dazkeyan
	3	*i.*	dazen	dazen	dazabein	daizten	dazten	dazkabein
	P. 1	*i.*	dazegun	dazegun	dazaguein	daiztegun	daztegun	dazkaguein
	2	*i.*	dazezien	dazezien	dazauzein	daiktezien	daztezien	dazkazein
	3	*i.*	dazeten	dazeyen	dazabein	daizten	dazten	dazkabein
SUBJONCTIF *Passé* qu'il le leur eût	S. 1	*i.*	nezayen	nazen	nezabein	nezkien	nazten	nezkabein
	2	*r.*	zindezayen	zinazen	zinezabein	zindezkien	zinazten	zinezkabein
		m.f.	yezayen	azen	yezabein	yezkien	azten	yezkabein
	3	*i.*	zezayen	zazen	lezabein	zezkien	zazten	lezkabein
	P. 1	*i.*	gindezayen	ginazen	ginezabein	gindezkien	ginazten	ginezkabein
	2	*i.*	zindezayeten	zinazeyen	zinezabein	zindezkieten	zinazten	zinezkabein
	3	*i.*	zezayeten	zazeyen	lezabein	zezkieten	zazten	lezkabein
SUPPOSITIF *Futur* s'il le leur avait	S. 1	*i.*	banezaye	banaze	banezabei	banezkie	banazte	banezkabei
	2	*r.*	bazindezaye	bazinaze	bazinezabei	bazindezkie	bazinazte	bazinezkabei
		m.f.	bayezaye	bayaze	bayezabei	bayezkie	bayazte	bayezkabei
	3	*i.*	balezaye	balaze	balezabei	balezkie	balazte	balezkabei
	P. 1	*i.*	bagindezaye	baginaze	baginezabei	bagindezkie	baginazte	baginezkabei
	2	*i.*	bazindezayete	bazinazeye	bazinezabei	bazindezkiete	bazinazte	bazinezkabei
	3	*i.*	balezayete	balazeye	balezabei	balezkiete	balazte	balezkabei

il me le—VOIX TRANSITIVE—il me les.

		Aezcoan.	*Salazarais.*	*Roncalais.*	*Aezcoan.*	*Salazarais.*	*Roncalais.*
INDICATIF *Présent* il me l'a	S. 2 *r.*	dadazu	dadazu	daitazuđ	dazkidazu	daztazu	daiztazuđ
	m.	dadak	dadak	daitadak	dazkidak	daztak	daiztadak
	f.	dadan	dadan	daitadan	dazkidan	daztan	daiztadan
	3 *i.*	dada	dada	daitađ	dazkida	dazta	daiztađ
	m.	šadak	diadak	daitadak	šazkidak	diaztak	daiztadak
	f.	šadan	diadan	daitadan	šazkidan	diaztan	daiztadan
	r.	—	diadazu	daitazuđ	—	diaztazu	daiztazuđ
	P. 2 *i.*	dadazie	dadazie	daitazeiđ	dazkidazie	daztazie	daiztazeid
	3 *i.*	dadate	dadaye	daiteiđ	dazkidate	daztaye	daizteiđ
	m.	šadatek	diadayek	daitadeik	šazkidatek	diaztayek	daiztadeik
	f.	šadane	diadayen	daitadein	šazkidane	diaztayen	daiztadein
	r.	—	diadazie	daitazeiđ	—	diaztazie	daiztazeiđ
INDICATIF *Passé* il me l'avait	S. 2 *r.*	zindade	zinadan	zinaitan	zindazkide	zinaztan	zinaiztan
	m.f.	yade	adan	yaitan	yazkide	aztan	yaiztan
	3 *i.*	zade	zadan	zaitan	zazkide	zaztan	zaiztan
	m.	šadata	ziadakan	zaitaya	šazkidata	ziaztakan	zaiztaya
	f.	šadana	ziadanan	zaitaya	šazkidana	ziaztanan	zaiztaya
	r.	—	ziadazun	zaitazun	—	ziaztazun	zaiztazun
	P. 2 *i.*	zindadate	zinadayen	zinaitein	zindazkidate	zinaztayen	zinaiztein
	3 *i.*	zadate	zadayen	zaitein	zazkidate	zaztayen	zaiztein
	m.	šadateta	ziadayekan	zaiteya	šazkidateta	ziaztayekan	zaizteya
	f.	šadatena	ziadayenan	zaiteya	šazkidatena	ziaztayenan	zaizteya
	r.	—	ziadazien	zaitazein	—	ziaztazien	zaiztazein
SUPPOSITIF *Présent* s'il me l'avait	S. 2 *r.*	bazindade	bazinada	bazinaita	bazindazkide	bazinazta	bazinaizta
	m.f.	bayade	bayada	bayaita	bayazkide	bayazta	bayaizta
	3 *i.*	balade	balada	balaita	balazkide	balazta	balaizta
	P. 2 *i.*	bazindadate	bazinadaye	bazinaitei	bazindazkidate	bazinaztaye	bazinaiztei
	3 *i.*	baladate	baladaye	balaitei	balazkidate	balaztaye	balaiztei
IMPÉRATIF *Présent* me l'ait-il	S. 2 *r.*	daztazu	daztazu	daztazuđ	dazkidazu	dazaiztazu	dazkidazuđ
	m.	daztak	daztak	daztak	dazkidak	dazaiztak	dazkidak
	f.	daztan	daztan	daztan	dazkidan	dazaiztan	dazkidan
	3 *i.*	—	—	beztađ	—	—	bezkidađ
	P. 2 *i.*	daztazie	daztazie	daztazeiđ	dazkidazie	dazaiztazie	dazkidazeiđ
	3 *i.*	—	—	bezteiđ	—	—	bezkideiđ
SUBJONCTIF *Présent* qu'il me l'ait	S. 2 *r.*	daztazun	daztazun	daztazun	dazkidazun	dazaiztazun	dazkidazun
	m.	daztakan	daztakan	daztayan	dazkidakan	dazaiztakan	dazkidayan
	f.	daztanan	daztanan	daztayan	dazkidanan	dazaiztanan	dazkidayan
	3 *i.*	daztan	daztan	daztan	dazkidan	dazaiztan	dazkidan
	P. 2 *i.*	daztazien	daztazien	daztazein	dazkidazien	dazaiztazien	dazkidazein
	3 *i.*	daztaten	daztayen	daztein	dazkidaten	dazaiztayen	dazkidein
SUBJONCTIF *Passé* qu'il me l'eût	S. 2 *r.*	zindaztan	zinaztan	zinaiztan	zindazkidan	zinazkidan	zinztadan
	m.f.	yaztan	aztan	yaiztan	yazkidan	azkidan	yeztadan
	3 *i.*	zaztan	zaztan	laiztan	zazkidan	zazkidan	leztadan
	P. 2 *i.*	zindaztaten	zinaztayen	zinaiztein	zindazkidaten	zinazkidayen	zinztadein
	3 *i.*	zaztaten	zaztayen	laiztein	zazkidaten	zazkidayen	leztadein
SUPPOSITIF *Futur* s'il me l'avait	S. 2 *r.*	bazindazta	bazinazta	bazinaizta	bazindazkida	bazinazkida	bazinztada
	m.f.	bayazta	bayazta	bayaizta	bayazkida	bayazkida	bayeztada
	3 *i.*	balazta	balazta	balaizta	balazkida	balazkida	baleztada
	P. 2 *i.*	bazindaztate	bazinaztaye	bazinaiztei	bazindazkidate	bazinazkidaye	bazinztadei
	3 *i.*	balaztate	balaztaye	balaiztei	balazkidate	balazkidaye	baleztadei

il nous le—VOIX TRANSITIVE—il nous les.

			Aezcoan.	Salazarais.	Roncalais.	Aezcoan.	Salazarais.	Roncalais.
INDICATIF *Présent* il nous l'a	S. 2	*r.*	danguzu	daukuzu	daikuguzu	dauzkiguzu	dauzkuzu	daizkuguzu
		m.	dauguk	daukuk	daikuguk	dauzkiguk	dauzkuk	daizkuguk
		f.	daugun	daukun	daikugun	dauzkigun	dauzkun	daizkugun
	3	*i.*	daugu	dauku	daikugu	dauzkigu	dauzku	daizkugu
		m.	šauguk	diaukuk	daikuguk	šauzkiguk	diauzkuk	daizkuguk
		f.	šaugun'	diaukun	daikugun	šauzkigun	diauzkun	daizkugun
		r.	—	diaukuzu	daikuguzu	—	diauzkuzu	daizkuguzu
	P. 2	*i.*	dauguzie	daukuzie	daikuguzei	dauzkiguzie	dauzkuzie	daizkuguzei
	3	*i.*	daugute	daukuye	daikuguei	dauzkigute	dauzkuye	daizkuguei
		m.	šaugutek	diaukuyek	daikugueik	šauzkigutek	diauzkuyek	daizkugueik
		f.	šaugune	diaukuyen	daikuguein	šauzkigune	diauzkuyen	daizkuguein
		r.	—	diaukuzie	daikuguzei	—	diauzkuzie	daizkuguzei
INDICATIF *Passé* il nous l'avait	S. 2	*r.*	zindagu	zinaukun	zinaikun	zindazkigu	zinauzkun	zinaizkun
		m. f.	yagu	aukun	yaikun	yazkigu	auzkun	yaizkun
	3	*i.*	zagu	zaukun	zaikun	zazkigu	zauzkun	zaizkun
		m.	šaguta	ziaukukan	zaikiua	šazkiguta	ziauzkukan	zaizkiua
		f.	šaguna	ziaukunan	zaikiua	šazkiguna	ziauzkunan	zaizkiua
		r.	—	ziaukuzun	zaikuzun	—	ziauzkuzun	zaizkuzun
	P. 2	*i.*	zindagute	zinaukuyen	zinaikiuein	zindazkigute	zinauzkuyen	zinaizkiuein
	3	*i.*	zagute	zaukuyen	zaikiuein	zazkigute	zauzkuyen	zaizkiuein
		m.	šaguteta	ziaukuyekan	zaikiueya	šazkiguteta	ziauzkuyekan	zaizkiueya
		f.	šagutena	ziaukuyenan	zaikiueya	šazkigutena	ziauzkuyenan	zaizkiueya
		r.	—	ziaukuzien	zaikuzein	—	ziauzkuzien	zaizkuzein
SUPPOSITIF *Présent* s'il nous l'avait	S. 2	*r.*	bazindagu	bazinauku	bazinaiku	bazindazkigu	bazinauzku	bazinaizku
		m. f.	bayagu	bayauku	bayaiku	bayazkigu	bayauzku	bayaizku
	3	*i.*	balagu	balauku	balaiku	balazkigu	balauzku	balaizku
	P. 2	*i.*	bazindagute	bazinaukuye	bazinaikiuei	bazindazkigute	bazinauzkuye	bazinaizkiuei
	3	*i.*	balagute	balaukuye	balaikiuei	balazkigute	balauzkuye	balaizkiuei
IMPÉRATIF *Présent* nous l'ait-il	S. 2	*r.*	dazaguzu	dazaikuzu	dazaiguzu	dazkiguzu	dazaizkuzu	dazkiguzu
		m.	dazaguk	dazaikuk	dazaiguk	dazkiguk	dazaizkuk	dazkiguk
		f.	dazagun	dazaikun	dazaigun	dazkigun	dazaizkun	dazkigun
	3	*i.*	—	—	bezaigu	—	—	bezkigu
	P. 2	*i.*	dazaguzie	dazaikuzie	dazaiguzei	dazkiguzie	dazaizkuzie	dazkiguzei
	3	*i.*	—	—	bezaiguei	—	—	bezkiguei
SUBJONCTIF *Présent* qu'il nous l'ait	S. 2	*r.*	dazaguzun	dazaikuzun	dazaiguzun	dazkiguzun	dazaizkuzun	dazkiguzun
		m.	dazagukan	dazaikukan	dazaiguyan	dazkigukan	dazaizkukan	dazkiguyan
		f.	dazagunan	dazaikunan	dazaiguyan	dazkigunan	dazaizkunan	dazkiguyan
	3	*i.*	dazagun	dazaikun	dazaigun	dazkigun	dazaizkun	dazkigun
	2	*i.*	dazaguzien	dazaikuzien	dazaiguzein	dazkiguzien	dazaizkuzien	dazkiguzein
	P. 3	*i.*	dazaguten	dazaikuyen	dazaiguein	dazkiguten	dazaizkuyen	dazkiguein
SUBJONCTIF *Passé* qu'il nous l'eût	S. 2	*r.*	zindazagun	zinauzkun	zinaizkun	zindazkigun	zinauzkigun	zinaitzkun
		m. f.	yazagun	auzkun	yaizkun	yazkigun	auzkigun	yaitzkun
	3	*i.*	zazagun	zauzkun	laizkun	zazkigun	zauzkigun	laitzkun
	P. 2	*i.*	zindazaguten	zinauzkuyen	zinaizkiuein	zindazkiguten	zinauzkiguyen	zinaitzkiuein
	3	*i.*	zazaguten	zauzkuyen	laizkiuein	zazkiguten	zauzkiguyen	laitzkiuein
SUPPOSITIF *Futur* s'il nous l'avait	S. 2	*r.*	bazindazagu	bazinauzku	bazinaizku	bazindazkigu	bazinauzkigu	bazinaitzku
		m. f.	bayazagu	bayauzku	bayaizku	bayazkigu	bayauzkigu	bayaitzku
	3	*i.*	balazagu	balauzku	balaizku	balazkigu	balauzkigu	balaizku
	P. 2	*i.*	bazindazagute	bazinauzkuye	bazinaizkiuei	bazindazkigute	bazinauzkiguye	bazinaitzkiuei
	3	*i.*	balazagute	balauzkuye	balaizkiuei	balazkigute	balauzkiguye	balaitzkiuei

il te le—VOIX TRANSITIVE—il te les.

			Aezcoan.	*Salazarais.*	*Roncalais.*	*Aezcoan.*	*Salazarais.*	*Roncalais.*
INDICATIF *Présent* il te l'a	S. 1	*r.*	dauzut	dauzut	daizud	dauzkizut	dauzkizut	daitzud
		m.	dautat	dabat	dadak	dauzkitat	dauzkiat	dadazk
		f.	daunat	daunat	dadan	dauzkinat	dauzkinat	dadanz
	3	*r.*	dauzu	dauzu	daizu	dauzkizu	dauzkizu	daitzu
		m.	dauk	dauk	daik	dauzkik	dauzkik	daizk
		f.	daun	daun	dain	dauzkin	dauzkin	dainz
	P. 1	*r.*	dauzugu	dauzugu	daizugu	dauzkizugu	dauzkizugu	daitzugu
		m.	dautagu	dabagu	daiguk	dauzkitagu	dauzkiagu	daizkuk
		f.	daunagu	daunagu	daigun	dauzkinagu	dauzkinau	daizkun
	3	*r.*	dauzute	dauzie	daizei	dauzkizute	dauzkizie	daitzei
		m.	dautek	dabek	dayeik	dauzkitek	dauzkitek	dayeizk
		f.	daune	dabeu	dayein	dauzkine	dauzkiten	dayeinz
INDICATIF *Passé* il te l'avait	S. 1	*r.*	nauzu	nauzun	naizun	nauzkizu	nauzkizun	naitzun
		m.	nauta	naukan	naya	nauzkita	nauzkan	nayaz
		f.	nauna	naunan	naya	nauzkina	nauzkinan	nayaz
	3	*r.*	zauzu	zauzun	zaizun	zauzkizu	zauzkizun	zaitzun
		m.	zauta	zaukan	zaya	zauzkita	zauzkan	zayaz
		f.	zauna	zaunan	zaya	zauzkina	zauzkinan	zayaz
	P. 1	*r.*	gindauzu	ginauzun	ginaizun	gindauzkizu	ginauzkizun	ginaitzun
		m.	gindauta	ginaukan	ginaya	gindauzkita	ginauzkan	ginayaz
		f.	gindauna	ginaunan	ginaya	gindauzkina	ginauzkinan	ginayaz
	3	*r.*	zauzute	zauzien	zaizein	zauzkizute	zauzkizien	zaitzein
		m.	zauteta	zayekan	zayei	zauzkiteta	zauzkiyekan	zayeiz
		f.	zautena	zayenan	zayei	zauzkitena	zauzkiyenan	zayeiz
SUPPOSITIF *Présent* s'il te l'avait	S. 1	*r.*	banauzu	banauzu	banaizu	banauzkizu	banauzkizu	banaitzu
		m.	banauta	banauka	banaya	banauzkita	banauzkika	banainz
		f.	banauna	banauna	banaya	banauzkina	banauzkina	banainz
	3	*r.*	balauzu	balauzu	balaizu	balauzkizu	balauzkizu	balaitzu
		m.	balauta	balauka	balaya	balauzkita	balauzkika	balainz
		f.	balauna	balauna	balaya	balauzkina	balauzkina	balainz
	P. 1	*r.*	bagindauzu	baginauzu	baginaizu	bagindauzkizu	baginauzkizu	baginaitzu
		m.	bagindauta	baginauka	baginaya	bagindauzkita	baginauzkika	baginainz
		f.	bagindauna	baginauna	baginaya	bagindauzkina	baginauzkina	baginainz
	3	*r.*	balauzute	balauzie	balaizei	balauzkizute	balauzkizie	balaitzei
		m.	balauteta	balayeka	balayei	balauzkiteta	balauzkiyeka	balayeinz
		f.	balautena	balayena	balayei	balauzkitena	balauzkiyena	balayeinz
SUBJONCTIF *Présent* qu'il te l'ait	S. 1	*r.*	dazazudan	dazaizutan	dazaizudan	dazazkizudan	dazaizkizutan	dazaitzudan
		m.	dazakadan	dazaikatan	dazayadan	dazazkikadan	dazaizkatan	dazadainz
		f.	dazanadan	dazainatan	dazayadan	dazazkinadan	dazaizkinatan	dazadainz
	3	*r.*	dazazun	dazaizun	dazaizun	dazazkizun	dazaizkizun	dazaitzun
		m.	dazakan	dazaikan	dazayan	dazazkikan	dazaizkan	dazainz
		f.	dazanan	dazainan	dazayan	dazazkinan	dazaizkinan	dazainz
	P. 1	*r.*	dazazugun	dazaizugun	dazaizugun	dazazkizugun	dazaizkizugun	dazaitzugun
		m.	dazakagun	dazaikagun	dazayagun	dazazkikagun	dazaizkagun	dazaigunz
		f.	dazanagun	dazainagun	dazayagun	dazazkinagun	dazaizkinagun	dazaigunz
	3	*r.*	dazazuten	dazaizien	dazaizein	dazazkizuten	dazaizkizien	dazaitzein
		m.	dazakaten	dazaikayen	dazayein	dazazkikaten	dazaizkayen	dazayeinz
		f.	dazanaten	dazainayen	dazayein	dazazkinaten	dazaizkinayen	dazayeinz
SUBJONCTIF *Passé* qu'il te l'eût	S. 1	*r.*	nezazun	nauzun	naizun	nezkizun	nauzkizun	naitzun
		m.	nezakan	naukan	nayan	nezkikan	nauzkan	nayanz
		f.	nezanan	naunan	nayan	nezkinan	nauzkinan	nayanz
	3	*r.*	zezazun	zauzun	laizun	zezkizun	zauzkizun	laitzun
		m.	zezakan	zaukan	layan	zezkikan	zauzkan	layanz
		f.	zezanan	zaunan	layan	zezkinan	zauzkinan	layanz
	P. 1	*r.*	gindezazun	ginauzun	ginaizun	gindezkizun	ginauzkizun	ginaitzun
		m.	gindezakan	ginaukan	ginayan	gindezkikan	ginauzkan	ginayanz
		f.	gindezanan	ginaunan	ginayan	gindezkinan	ginauzkinan	ginayanz
	3	*r.*	zezazuten	zauzien	laizein	zezkizuten	zauzkizien	laitzein
		m.	zezatekan	zayekan	layein	zezkitekan	zauzkiyekan	layeinz
		f.	zezatenan	zayenan	layein	zezkitenan	zauzkiyenan	layeinz
SUPPOSITIF *Futur* s'il te l'avait	S. 1	*r.*	banezazu	banauzu	(*emprunté au supp. prés.*) banaizu	banezkizu	banauzkizu	(*emprunté au supp. prés.*) banaitzu
		m.	banezak	banauka	banaya	banezkik	banauzkika	banainz
		f.	banezan	banauna	banaya	banezkin	banauzkina	banainz
	3	*r.*	balezazu	balauzu	balaizu	balezkizu	balauzkizu	balaitzu
		m.	balezak	balauka	balaya	balezkik	balauzkika	balainz
		f.	balezan	balauna	balaya	balezkin	balauzkina	balainz
	P. 1	*r.*	bagindezazu	baginauzu	baginaizu	bagindezkizu	baginauzkizu	baginaitzu
		m.	bagindezak	baginauka	baginaya	bagindezkik	baginauzkika	baginainz
		f.	bagindezan	baginauna	baginaya	bagindezkin	baginauzkina	baginainz
	3	*r.*	balezazute	balauzie	balaizei	balezkizute	balauzkizie	balaitzei
		m.	balezatek	balayeka	balayei	balezkitek	balauzkiyeka	balayeinz
		f.	balezane	balayena	balayei	balezkine	balauzkiyena	balayeinz

il vous le—VOIX TRANSITIVE—il vous les.

			Aezcoan.	*Salazarais.*	*Roncalais.*	*Aezcoan.*	*Salazarais.*	*Roncalais.*
INDICATIF *Présent* il vous l'a	S.	1	dauziet	dauziet	daizeid	dauzkiziet	dauzkiziet	daitzeid
	.	3	dauzie	dauzie	daizei	dauzkizie	dauzkizie	daitzei
	P.	1	dauziegu	dauziegu	daiguzei	dauzkiziegu	dauzkiziegu	daigutzei
		3	dauziete	dauzie	daizei	dauzkiziete	dauzkizie	daitzei
INDICATIF *Passé* il vous l'avait	S.	1	nauzie	nauzien	naizein	nauzkizie	nauzkizien	naitzein
		3	zauzie	zauzien	zaizein	zauzkizie	zauzkizien	zaitzein
	P.	1	gindauzie	ginauzien	ginaizein	gindauzkizie	ginauzkizien	ginaitzein
		3	zauziete	zauzien	zaizein	zauzkiziete	zauzkizien	zaitzein
SUPPOSITIF *Présent* s'il vous l'avait	S.	1	banauzie	banauzie	banaizei	banauzkizie	banauzkizie	banaitzei
		3	balauzie	balauzie	balaizei	balauzkizie	balauzkizie	balaitzei
	P.	1	bagindauzie	baginauzie	baginaizei	bagindauzkizie	baginauzkizie	baginaitzei
		3	balauziete	balauzie	balaizei	balauzkiziete	balauzkizie	balaitzei
SUBJONCTIF *Présent* qu'il vous l'ait	S.	1	dazaziedan	dazaizietan	dazaizeidan	dazazkiziedan	dazaizkizietan	dazaitzeidan
		3	dazazien	dazaizien	dazaizein	dazazkizien	dazaizkizien	dazaitzein
	P.	1	dazaziegun	dazaiziegu	dazaizeigun	dazazkiziegun	dazaizkiziegun	dazaitzeigun
		3	dazazieten	dazaizien	dazaizein	dazazkizieten	dazaizkizien	dazaitzein
SUBJONCTIF *Passé* qu'il vous l'eût	S.	1	nezazien	nauzien	naizein	nezkizien	nauzkizien	naitzein
		3	zezazien	zauzien	laizein	zezkizien	zauzkizien	laitzein
	P.	1	gindezazien	ginauzien	ginaizein	gindezkizien	ginauzkizien	ginaitzein
		3	zezazieten	zauzien	laizein	zezkizieten	zauzkizien	laitzein
SUPPOSITIF *Futur* s'il vous l'avait	S.	1	banezazie	banauzie[1]	banaizei[1]	banezkizie	banauzkizie[1]	banaitzei[1]
		3	balezazie	balauzie	balaizei	balezkizie	balauzkizie	balaitzei
	P.	1	baginezazie	baginauzie	baginaizei	bagindezkizie	baginauzkizie	baginaitzei
		3	balezaziete	balauzie	balaizei	balezkiziete	balauzkizie	balaitzei

[1] *emprunté au suppositif présent.*

N.B. Les terminatifs à deux régimes des temps conditionnels et potentiels, ainsi que ceux du futur conjectural simple de l'indicatif qui leur correspondent, manquent au salazarais et au roncalais. On y supplée: 1°. par les terminatifs à un seul régime, accompagnés du régime indirect; 2°. par ceux du passé de l'indicatif, accompagnés de l'adjectif génitif, s'il s'agit d'exprimer le passé du conditionnel; 3°. par ceux du présent et du passé de l'indicatif, accompagnés de *al* 'pouvoir', si l'on veut exprimer le présent et le passé du potentiel. Exemples: PRÉSENT DU CONDITIONNEL: il le lui enverrait: *salaz.* egor liokezu ari. == *ronc.* oil loke ari. PASSÉ DU CONDITIONNEL: il le lui aurait envoyé: *salaz.* egorririk liokezu ari (*parfait*); egorririk ziokezun ari (*passé parfait*); egorrien ziakozun. == *ronc.* oiltruk loke ari; oiltruk zokian ari; oilten zaun. POTENTIEL: il peut le lui envoyer: *salaz.* egor diokezu ari; egorri al diakozu (*périphrastique*). == *ronc.* oil droke ari; oiltu al dau. FUTUR CONJECTURAL: il le lui aura envoyé: *salaz.* egorririk diokezu ari. == *ronc.* oiltruk droke ari. POTENTIEL CONDITIONNEL: il pourrait le lui envoyer: *salaz.* egor liokezu ari. == *ronc.* oil loke ari. POTENTIEL PASSÉ: il pouvait le lui envoyer: *salaz.* egor ziokezun ari; egorri al ziakozun (*périphrastique*). == *ronc.* oil zokian ari; oiltu al zaun. POTENTIEL CONDITIONNEL PASSÉ: il aurait pu le lui envoyer: *salaz.* egor ziokezun ari. == *ronc.* oil zokian ari. On remarquera: 1°. que le présent du conditionnel sert en même temps pour le potentiel conditionnel, et qu'il régit le radical; 2°. que le parfait et le passé parfait du conditionnel nè diffèrent que par le nom verbal, le premier du potentiel conditionnel présent, et le second du potentiel conditionnel passé qu'ils remplacent; 3°. qu'il en est de même en salazarais du potentiel non périphrastique par rapport au futur, et *vice versâ* en roncalais de ce dernier par rapport au premier. (*Voyez* la note 2. de la page xxv. du 'Verbe Basque en tableaux'); 4°. que le présent du potentiel exprime aussi le futur français *il pourra*; 5°. que le passé non périphrastique du potentiel passé, ne diffère en rien du potentiel conditionnel passé; 6°. que le pronom *ura* 'il' (*ari* 'à lui'), qui n'est jamais un adjectif démonstratif en aezcoan, en salazarais, en roncalais et en haut-navarrais méridional propre, contrairement à ce qui arrive en toute autre espèce de basque, ne doit pas être confondu avec *kura, kari* salaz. et ronc.; *gura, gari*, aezc. et nav. mér., qui signifient *ce, à ce*; *ce-là, à ce-là*; *cela, à cela*; *celui-là, à celui-là.*

VOIX TRANSITIVE.

CONDITIONNEL PRÉSENT.

Aezcoan.

		il le lui aurait	*il les lui aurait*	*il le leur aurait*	*il les leur aurait*	*il me l'aurait*	*il me les aurait*
S. 1	*i.*	nakoke	nakozke	nayeke	nayezke	—	—
	m.	ñakokek	ñakozkek	ñayekek	ñayezkek	—	—
	f.	ñakoken	ñakozken	ñayeken	ñayezken	—	—
2	*r.*	zindakoke	zindakozke	zindayeke	zindayezke	zindakeda	zindazkeda
	m. f.	yakoke	yakozke	yayeke	yayezke	yakeda	yazkeda
3	*i.*	lakoke	lakozke	layeke	layezke	lakoda	lazkeda
	m.	lakokek	lakozkek	layekek	layezkek	lakedak	lazkedak
	f.	lakoken	lakozken	layeken	layezken	lakedan	lazkedan
P. 1	*i.*	gindakoke	gindakozke	gindayeke	gindayezke	—	—
	m.	gindakokek	gindakozkek	gindayekek	gindayezkek	—	—
	f.	gindakoken	gindakozken	gindayeken	gindayezken	—	—
2	*i.*	zindakokete	zindakozkete	zindayekete	zindayezkete	zindakedate	zindazkedate
3	*i.*	lakokete	lakozkete	layekete	layezkete	lakedate	lazkedate
	m.	lakoketek	lakozketek	layeketek	layezketek	lakedatek	lazkedatek
	f.	lakokene	lakozkene	layekene	layezkene	lakedane	lazkedane

CONDITIONNEL PASSÉ SERVANT AUSSI DE POTENTIEL PASSÉ.

		il le lui aurait eu	*il les lui aurait eus*	*il le leur aurait eu*	*il les leur aurait eus*	*il me l'aurait eu*	*il me les aurait eus*
S. 1	*i.*	nakoke	nakozke	nayeke	nayezke	—	—
	m.	ñakoketa	ñakozketa	ñayeketa	ñayezketa	—	—
	f.	ñakokena	ñakozkena	ñayekena	ñayezkena	—	—
2	*r.*	zindakoke	zindakozke	zindayeke	zindayezke	zindakeda	zindazkeda
	m. f.	yakoke	yakozke	yayeke	yayezke	yakeda	yazkeda
3	*i.*	zakoke	zakozke	zayeke	zayezke	zakeda	zazkeda
	m.	šakoketa	šakozketa	šayeketa	šayezketa	šakedata	šazkedata
	f.	šakokena	šakozkena	šayekena	šayezkena	šakedana	šazkedana
P. 1	*i.*	gindakoke	gindakozke	gindayeke	gindayezke	—	—
	m.	gindakoketa	gindakozketa	gindayeketa	gindayezketa	—	—
	f.	gindakokena	gindakozkena	gindayekena	gindayezkena	—	—
2	*i.*	zindakokete	zindakozkete	zindayekete	zindayezkete	zindakedate	zindazkedate
3	*i.*	zakokete	zakozkete	zayekete	zayezkete	zakedate	zazkedate
	m.	šakoketeta	šakozketeta	šayeketeta	šayezketeta	šakedateta	šazkedateta
	f.	šakoketena	šakozketena	šayeketena	šayezketena	šakedatena	šazkedatena

POTENTIEL PRÉSENT.

		il le lui peut	*il les lui peut*	*il le leur peut*	*il les leur peut*	*il me le peut*	*il me les peut*
S. 1	*i.*	dazoket	dazozket	dazeket	dazezket	—	—
	m.	šašoketat	šašozketat	šašeketat	šašezketat	—	—
	f.	šašokenat	šašozkenat	šašekenat	šašezkenat	—	—
2	*r.*	dazokezu	dazozkezu	dazekezu	dazezkezu	daztakezu	daztazkezu
	m.	dazokek	dazozkek	dazekek	dazezkek	daztakek	daztazkek
	f.	dazoken	dazozken	dazeken	dazezken	daztaken	daztazken
3	*i.*	dazoke	dazozke	dazeke	dazezke	daztake	daztazke
	m.	šašokek	šašozkek	šašekek	šašezkek	šaštakek	šaštazkek
	f.	šašoken	šašozken	šašeken	šašezken	šaštaken	šaštazken
P. 1	*i.*	dazokegu	dazozkegu	dazekegu	dazezkegu	—	—
	m.	šašoketagu	šašozketagu	šašeketagu	šašezketagu	—	—
	f.	šašokenagu	šašozkenagu	šašekenagu	šašezkenagu	—	—
2	*i.*	dazokezie	dazozkezie	dazekezie	dazezkezie	daztakezie	daztazkezie
3	*i.*	dazokete	dazozkete	dazekete	dazezkete	daztakete	daztazkete
	m.	šašoketek	šašozketek	šašeketek	šašezketek	šaštaketek	šaštazketek
	f.	šašokene	šašozkene	šašekene	šašezkene	šaštakene	šaštazkene

POTENTIEL CONDITIONNEL.

		il le lui pourrait	*il les lui pourrait*	*il le leur pourrait*	*il les leur pourrait*	*il me le pourrait*	*il me les pourrait*
S. 1	*i.*	nezoke	nezozke	nezayeke	nezayezke	—	—
	m.	nezokek	nezozkek	nezayekek	nezayezkek	—	—
	f.	nezoken	nezozken	nezayeken	nezayezken	—	—
2	*r.*	zindezoke	zindezozke	zindezayeke	zindezayezke	zindaztake	zindaztazke
	m. f.	yezoke	yezozke	yezayeke	yezayezke	yaztake	yaztazke
3	*i.*	lezoke	lezozke	lezayeke	lezayezke	laztake	laztazke
	m.	lezokek	lezozkek	lezayekek	lezayezkek	laztakek	laztazkek
	f.	lezoken	lezozken	lezayeken	lezayezken	laztaken	laztazken
P. 1	*i.*	gindezoke	gindezozke	gindezayeke	gindezayezke	—	—
	m.	gindezokek	gindezozkek	gindezayekek	gindezayezkek	—	—
	f.	gindezoken	gindezozken	gindezayeken	gindezayezken	—	—
2	*i.*	zindezokete	zindezozkete	zindezayekete	zindezayezkete	zindaztakete	zindaztazkete
3	*i.*	lezokete	lezozkete	lezayekete	lezayezkete	laztakete	laztazkete
	m.	lezoketek	lezozketek	lezayeketek	lezayezketek	laztaketek	laztazketek
	f.	lezokene	lezozkene	lezayekene	lezayezkene	laztakene	laztazkene

VOIX TRANSITIVE.

Conditionnel présent.

Aezcoan.

		il nous l' aurait	*il nous les aurait*	*il te l' aurait*	*il te les aurait*	*il vous l' aurait*	*il vous les aurait*
S. 1	*i.*	—	—	nauzuke	nauzuzke	nauzieke	nauziezke
	m.	—	—	naukek	nauzkek	—	—
	f.	—	—	nauken	nauzken	—	—
2	*r.*	zindaguke	zindaguzke	—	—	—	—
	m.f.	yaguke	yaguzke	—	—	—	—
3	*i.*	laguke	laguzke	lauzuke	lauzuzke	lauzieke	lauziezke
	m.	lagukek	laguzkek	laukek	lauzkek	—	—
	f.	laguken	laguzken	lauken	lauzken	—	—
P. 1	*i.*	—	—	gindauzuke	gindauzuzke	gindauzieke	gindauziezke
	m.	—	—	gindaukek	gindauzkek	—	—
	f.	—	—	gindauken	gindauzken	—	—
2	*i.*	zindagukete	zindaguzkete	—	—	—	—
3	*i.*	lagukete	laguzkete	lauzukete	lauzuzkete	lauziekete	lauziezkete
	m.	laguketek	laguzketek	lauketek	lauzketek	—	—
	f.	lagukene	laguzkene	laukene	lauzkene	—	—

Conditionnel passé servant aussi de potentiel passé.

		il nous l'aurait eu	*il nous les aurait eus*	*il te l' aurait eu*	*il te les aurait eus*	*il vous l' aurait eu*	*il vous les aurait eus*
S. 1	*i.*	—	—	nauzuke	nauzuzke	nauzieke	nauziezke
	m.	—	—	nauketa	nauzketa	—	—
	f.	—	—	naukena	nauzkena	—	—
2	*r.*	zindaguke	zindaguzke	—	—	—	—
	m.f.	yaguke	yaguzke	—	—	—	—
3	*i.*	zaguke	zaguzke	zauzuke	zauzuzke	zauzieke	zauziezke
	m.	šaguketa	šaguzketa	zauketa	zauzketa	—	—
	f.	šagukena	šaguzkena	zaukena	zauzkena	—	—
P. 1	*i.*	—	—	gindauzuke	gindauzuzke	gindauzieke	gindauziezke
	m.	—	—	gindauketa	gindauzketa	—	—
	f.	—	—	gindaukena	gindauzkena	—	—
2	*i.*	zindagukete	zindaguzkete	—	—	—	—
3	*i.*	zagukete	zaguzkete	zauzukete	zauzuzkete	zauziekete	zauziezkete
	m.	šaguketeta	šaguzketeta	zauketeta	zauzketeta	—	—
	f.	šaguketena	šaguzketena	zauketena	zauzketena	—	—

Potentiel présent.

		il nous le peut	*il nous les peut*	*il te le peut*	*il te les peut*	*il vous le peut*	*il vous les peut*
S. 1	*i.*	—	—	dazakezut	dazazkezut	dazakeziet	dazazkeziet
	m.	—	—	dazaketat	dazazketat	—	—
	f.	—	—	dazakenat	dazazkenat	—	—
2	*r.*	dazagukezu	dazaguzkezu	—	—	—	—
	m.	dazagukek	dazaguzkek	—	—	—	—
	f.	dazaguken	dazaguzken	—	—	—	—
3	*i.*	dazaguke	dazaguzke	dazakezu	dazazkezu	dazakezie	dazazkezie
	m.	šašagukek	šašaguzkek	dazakek	dazazkek	—	—
	f.	šašaguken	šašaguzken	dazaken	dazazken	—	—
P. 1	*i.*	—	—	dazakezugu	dazazkezugu	dazakeziegu	dazazkeziegu
	m.	—	—	dazaketagu	dazazketagu	—	—
	f.	—	—	dazakenagu	dazazkenagu	—	—
2	*i.*	dazagukezie	dazaguzkezie	—	—	—	—
3	*i.*	dazagukete	dazaguzkete	dazakezute	dazazkezute	dazakeziete	dazazkeziete
	m.	šašaguketek	šašaguzketek	dazaketek	dazazketek	—	—
	f.	šašagukene	šašaguzkene	dazakene	dazazkene	—	—

Potentiel conditionnel.

		il nous le pourrait	*il nous les pourrait*	*il te le pourrait*	*il te les pourrait*	*il vous le pourrait*	*il vous les pourrait*
S. 1	*i.*	—	—	nezazuke	nezazuzke	nezazieke	nezaziezke
	m.	—	—	nezakek	nezazkek	—	—
	f.	—	—	nezaken	nezazken	—	—
2	*r.*	zindazaguke	zindazaguzke	—	—	—	—
	m.f.	yazaguke	yazaguzke	—	—	—	—
3	*i.*	lazaguke	lazaguzke	lezazuke	lezazuzke	lezazieke	lezaziezke
	m.	lazagukek	lazaguzkek	lezakek	lezazkek	—	—
	f.	lazaguken	lazaguzken	lezaken	lezazken	—	—
P. 1	*i.*	—	—	gindezazuke	gindezazuzke	gindezazieke	gindezaziezke
	m.	—	—	gindezakek	gindezazkek	—	—
	f.	—	—	gindezaken	gindezazken	—	—
2	*i.*	zindazagukete	zindazaguzkete	—	—	—	—
3	*i.*	lazagukete	lazaguzkete	lezazukete	lezazuzkete	lezaziekete	lezaziezkete
	m.	lazaguketek	lazaguzketek	lezaketek	lezazketek	—	—
	f.	lazagukene	lazaguzkene	lezakene	lezazkene	—	—

TRAITEMENTS ALLOCUTIFS.

il leur a donné la noix ; que leur a-t il donné?
aezc. echaburra eman daye (šayek *m.*, šayen *f.*) ; zer eman daye?
salaz. giltzagurrak eman diabezu *r.* (diabešu *d.*, diabek *m.*, diaben *f.*) ; zer eman dabe?
ronc. itzagurrak emon dabei (dauzei *r.*, dabeik *m.*, dabein *f.*) ; zer emon dabei?

POTENTIEL ET FUTUR CONJECTURAL.

tu peux manger les fraises ; tu les auras (je suppose) déjà mangées ; tu peux me voir ; tu m'auras vu.
aezc. maulubiak šan zazkezu (duzkezu) ; šanak izein tuzu ; ikusi (ikus) nukezu (naztakezu) ; ikusia izein nuzu.
salaz. maurgiak šan dozkezu ; šanik dozkezu ; ikus nokezu ; ikusirik nokezu.
ronc. margiuak šan drozkezu ; šanik drozkezu ; ekus nrokezu (naztakezu) ; ekusirik nrokezu.

FORME CAUSATIVE.

parce que la lune se serait obscurcie ; parce que je l'ai haussé dans le bois.
aezc. zerengatik ilargia ilunduko beitze ; oyanean goratu beitut.
salaz. zerengatik ilargia ilundren baizen ; oyanean goratu baitut.
ronc. zerengatik goikua ulunten baizen ; usian azkatu baiduđ (baituđ).

FORME INTERROGATIVE.

es-tu Dieu? peut-il venir? le sait-il? reste-t-il ici? l'a-t-il? l'ai-je? étais-je? suis-je?
aezc. Jangoiko zira?; etorri (etor) deike?; badaki?; gen dago?; badu?; badut?; nintze?; niz?
salaz. Jangoiko zraya?; šin deikea?; badakia?; kemen dagoa?; badua?; baduta?; nintzana?; niza?
ronc. Jangeiko zreya?; šin daitekia?; badakia?; keben (kemen) dagua?; badiua?; baduda?; nintzena?; naza?

'ÉTÉ' ET 'EU'. PASSIF.

le fils a voulu mourir ; la fille a été appelée ; les femmes se furent assises ; les hommes l'ont eu battu.
aezc. semeak naizan zue il ; alaba deitua izan da ; emaztekiak šarri izandu zire ; gizonek yo izan dute.
salaz. semeak naizan zizun il ; alabara* deitrik izan zu ; emazteak eseri izan zitzan ; gizonek šo izan zie.
ronc. semiak nai okuntu zion il ; alaba deitruk izan da ; emaztiak šaseri izan zren ; gizonek achiki ekun dei.

ADJECTIF ET ADJECTIF VERBAL INDÉFINIS.

il est allé aux champs ; il est venu des champs ; il l'a touché ; il l'a vu ; il l'a montré ; il l'a brûlé ; je suis bon.
aezc. alorretra fan da ; alorreteik etorri da ; ukitu du ; ikusi du ; erakutsi du ; erre du ; ona niz.
salaz. alorretra fan zu ; alorretarik šin zu ; onkitu zu ; ikusi zu ; erakutsi zu ; erre zu ; onik (on) nizu (nuzu).
ronc. alorretra fan (juan) da ; alorretarik šin da ; tokatu du ; ekusi du ; eratsuki du ; erre du ; on naz.

NOM VERBAL RADICAL.

afin qu'il aille au bois ; qu'il vienne du pré ; qu'il le touche ; qu'il le voie ; qu'il le montre ; qu'il le brûle.
aezc. oyanera fan dain ; espilatik etor dain ; uki zan ; ikus zan ; erakuts zan ; erre zan.
salaz. oyanerala fan dadien ; sorotik šin dadien ; onki zan ; ikus zan ; erakuts zan ; erre zan.
ronc. usiara* fan (juan) dein ; pladotik šin dein ; toka tzan ; ekus tzan ; eratsuk tzan ; erre tzan.

NOM SUBSTANTIF VERBAL INESSIF.

il l'a vu aller ; il l'a vu venir ; ça touche la langue ; il voit le soleil ; il le montre ; il le brûle.
aezc. ikusi du faten ; ikusi du etortzen ; mia ukitzen du ; iruzkia ikusten du ; erakusten du ; erretzen du.
salaz. ikusi zu faten ; ikusi zu šiten ; mia onkitzen zu ; iguzkia ikusten zu ; erakusten zu ; erretzen zu.
ronc. ekusi du faiten (juaiten) ; ekusi du šiten ; mia tokatan† du ; iguzkia ekustan du ; eratsukitan du ; erretan du.

NOM ADJECTIF VERBAL GÉNITIF.

il ira boire ; il viendra nager ; il lui touchera le front ; il me verra ; il les montrera ; il te brûlera.
aezc. fein da edatra ; etorko da igaritatzera ; kopeta ukituko dako ; ikusko nu ; erakutsiko tu ; erreko zitu.
salaz. fanen zu edatra ; šinen zu nadatzra ; boronde onkitren† diakozu ; ikusien† nizu ; erakutsien tzu ; errein ztu.
ronc. fanen (juanen) da eratra ; šinen da bainatra ; boronte tokaten† dau ; ekusen† nu ; eratsuken tu ; erreren ztu.

CONTRACTION DU NOM VERBAL AVEC LE TERMINATIF.

je le dis ; tu le dis ; je le dirai ; tu le diras ; je l'ai vu ; tu l'as vu ; je le verrai ; tu le verras.
aezc. errataut ; erratauzu ; errein dut ; errein duzu ; ikusiut ; ikusiuzu ; ikuskot ; ikuskozu.
salaz. errateintzut ; errateuntzu ; erraneintzut ; erraneuntzu ; ikusi zut ; ikusi zu ; ikusieintzut ; ikusieuntzu.
ronc. erraiten duđ ; erraiten tzu ; erranen duđ ; erranen tzu ; ekusi duđ ; ekusi tzu ; ekusen duđ ; ekusen tzu.

RÉGIME DU NOM SUBSTANTIF VERBAL.

il commença à manger les lentilles ; pour boire le vin ; allons tuer le lapin.
aezc. asi ze lentejen šaten ; ardoein edateko ; gonzen konejoein iltzera.
salaz. asi zinuen chinglen šaten ; ardoaren edateko ; fan giten konejoaren iltzra.
ronc. asi zen chinchilen šaten ; ardaũaren erateko ; fan (juan) gitian unchiaren iltra.

ADJECTIFS DÉMONSTRATIFS, ADVERBES.

	aezc.	*salaz.*	*ronc.*		*aezc.*	*salaz.*	*ronc.*
ce-ci	gau	kau	kaur	*ici*	gen, gemen	kemen	keben, kemen
	gonek	konek	konek		gor	kor	kor
ceux-ci	gebek	kuek	kuek	*là*	gan	kan	kan
ce-ci	gori	kori	kori	*ainsi*	gala	kala	kala
	gorrek	korrek	korrek		gola	kola	kola
ceux-ci	goyek	koyek	koriek	*comme*	bezala	bezala	bikala
ce-là	gura	kura	kura	*si*	gein	kain	kain
	garek	karek	karek	*aussi que*	bezein	bezain	bikain
ceux-là	gurak	kurak	kurak	*tant*	geimbertze	kaimberze	kaimbat
	gayek	kayek	kek	*autant que*	bezambat	bezaimbat	bikaimbat

* *Voyez* la note 5. de la page xxx. du 'Verbe Basque en tableaux'.

† Le substantif verbal inessif, dans la variété roncalaise de Vidangoz, se termine généralement en *tan* si l'adjectif indéfini ne finit pas par *n*, et en *ten* s'il finit par cette consonne. Le substantif en *ko* suit la même règle : ša*n*, ša*ten*, ša*teko* ; toka*tu*, toka*tan*, toka*tako*'. Cependant le substantif sans suffixe finit toujours en *te* à l'indéfini, et en *tia* au défini : 'ša*te*, ša*tia* ; toka*te*, toka*tia*'. Dans les variétés d'Urzainqui et d'Uztarroz, l'inessif et le substantif génitif finissent toujours par *tan* et *tako* ; 'ša*tan*, ša*tako* ; ša*te*, ša*tia*'. Que si la voyelle qui précède *ta* est un *a* à Vidangoz, elle se changera en *e* dans les noms verbaux correspondants de plus de deux syllabes, appartenant aux deux autres variétés : 'tok*e*tan, tok*e*tako'. Dans ce dernier cas, le substantif sans suffixe ne se termine pas en *te* ou en *tia* comme à Vidangoz, mais en *ta*, soit à l'indéfini, soit au défini : *toke*ta 'toucher, le toucher'. Quant à l'adjectif génitif servant à composer le futur, il se forme en général du substantif inessif, en changeant *tan* en *ten* pour le roncalais, et *tzen* en *tren* pour le salazarais, pourvu toutefois que l'adjectif indéfini ne se termine ni en *n* ni en *i* : 'toka*tu*, toka*tan*, toka*ten*' ronc. ; 'onki*tu*, onki*tzen*, onki*tren*' salaz. Si au contraire l'adjectif indéfini finit en *n*, on ajoutera *en* à celui-ci pour former l'adjectif génitif des deux dialectes : 'ša*n*, šaten, ša*nen*' ; s'il finit en *i*, il faudra en outre supprimer cette voyelle en roncalais : 'ekus*i*, ekus*tan*, ekus*en*' ronc. ; 'ikus*i*, ikus*ten*, ikus*ien*' salaz. L'aezcoan, en général, a le substantif inessif et l'adjectif genitif en *tzen* et en *ko* lorsque l'adjectif indéfini ne se termine pas en *n*, et en *ten* et en *ein* lorsqu'il finit par cette consonne : 'uki*tu*, uki*tzen*, ukitu*ko* ; ikus*i*, ikus*ten*, ikus*ko* ; ša*n*, ša*ten*, ša*in*'.

N.B. *Voyez* aussi, pour plus de détails, les variantes du 'Verbe Basque en tableaux' à la troisième partie, les observations qui précèdent la deuxième partie du même ouvrage, et surtout les notes 3. et 4. des pages xxix. et xxx., ainsi que les notes 2. et 3. de la page 100.

www.ingramcontent.com/pod-product-compliance
Lightning Source LLC
LaVergne TN
LVHW010249230826
846091LV00007B/2870
9782013256438